いづも財団叢書 6

出雲大社の宝物と門前町の伝統

～特集「吉兆神事と神謡《しんよう》・船謡《ふなうた》」～

公益財団法人いづも財団
出雲大社御遷宮奉賛会［編］

口絵１　出雲大社の宝物《ほうもつ》①

（右）硬玉《こうぎょく》勾玉《まがたま》（出雲大社所蔵　重要文化財）弥生時代
（左）銅戈《どうか》（出雲大社所蔵　重要文化財）弥生時代
両者はともに出雲大社東側の摂社「命主社《いのちぬしのやしろ》」から出土した。硬玉勾玉はヒスイの石材で北陸糸魚川《いといがわ》流域で産出したもの。また銅戈は青銅製で北九州で製作されたものである。日本海の広域交流で当地にもたらされたものと考えられている。弥生時代に祭祀のために青銅器と玉類が一緒に埋められた、全国的にも唯一の例である。（写真提供：島根県立古代出雲歴史博物館）

口絵２　出雲大社の宝物《ほうもつ》②

心御柱《しんのみはしら》（出雲大社所蔵　重要文化財）鎌倉時代

平成12（2000）年に出雲大社境内の発掘調査によって発見された。心御柱とは本殿の中核をなす柱のことで、鎌倉時代の宝治２（1248）年造営のものと推定されている。直径１mを超える巨木を３本束ねて一つの柱とする特異な構造となっている。現在は出雲大社宝物殿にて常設展示されている。なお、同発掘調査によって同時に出土した宇豆柱《うずばしら》（出雲大社所蔵　重要文化財）は、島根県立古代出雲歴史博物館にて常設展示されている。（写真提供：出雲大社）

口絵３　出雲大社の宝物《ほうもつ》③

秋野鹿蒔絵手箱《あきのしかまきえてばこ》（出雲大社所蔵　国宝）鎌倉時代

鎌倉時代の手箱の傑作である。高さ16.1㎝、幅29.7㎝、奥行22.7㎝あり、角は丸く、甲は盛り上がり、全体に張りのある形をもっている。表面は、蒔絵と螺鈿《らでん》を使って秋野の情景が表現されている。大きな萩の茂みの中には小鳥や虫がとまり、根元には雌雄《しゆう》の鹿と子鹿が描かれている。（写真提供：島根県立古代出雲歴史博物館）

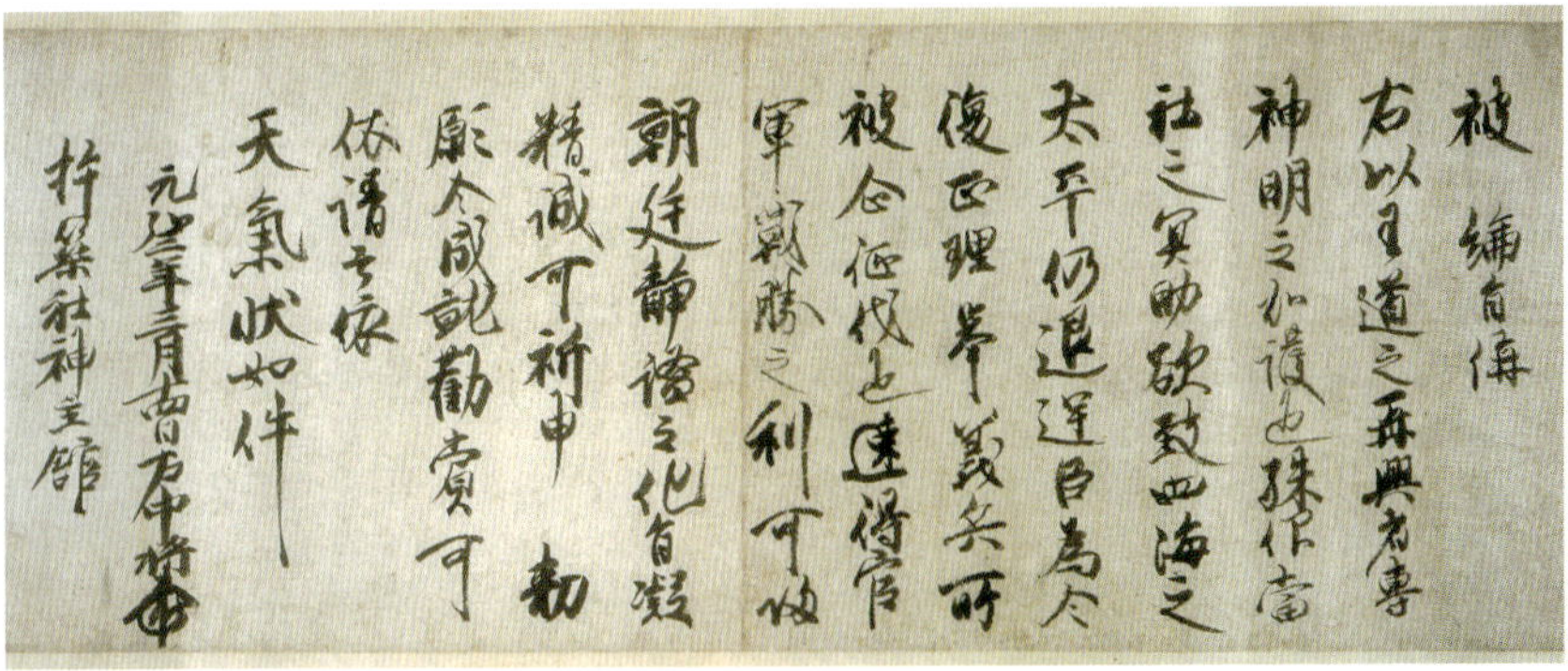

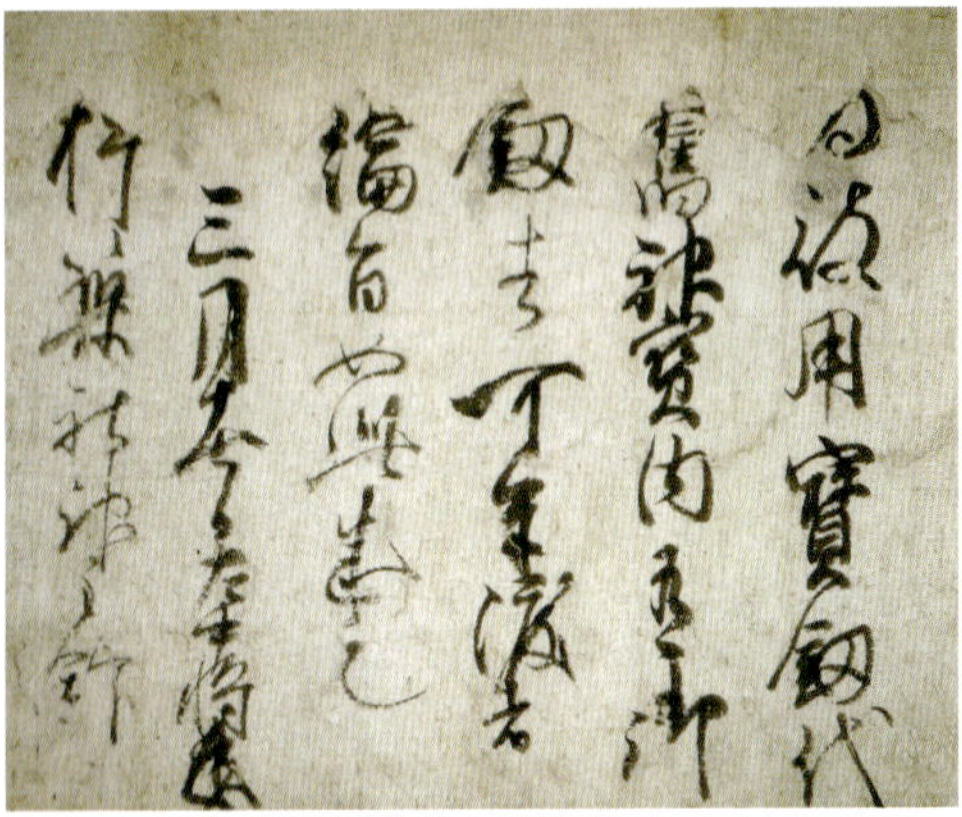

口絵4　出雲大社の宝物《ほうもつ》④

（上）紙本墨書《しほんぼくしょ》後醍醐天皇王道再興綸旨《おうどうさいこうりんじ》（出雲大社所蔵　重要文化財）鎌倉時代　元弘《げんこう》3（1333）年に後醍醐天皇から杵築大社に宛てて発せられた綸旨（側近の千《ち》種忠顕《ぐさただあき》が天皇の意を受けて作成した文書）。

（下）紙本墨書後醍醐天皇宸翰宝剣勅望綸旨《しんかんほうけんちょくぼうりんじ》（出雲大社所蔵　重要文化財）鎌倉時代　元弘3（1333）年に隠岐脱出に成功した後醍醐天皇が宝剣（皇位の証《あかし》となる神器の剣）の代わりに、大社の神宝の剣を差し出すように命じた文書。左中将千種忠顕《ちぐさただあき》が奉じた形になっているが、その筆跡から後醍醐天皇自ら執筆したと推定されている。（写真提供：島根県立古代出雲歴史博物館）

口絵5　出雲大社の宝物《ほうもつ》⑤

（上）太刀「銘　光忠」（出雲大社所蔵　重要文化財）鎌倉時代
作刀者の光忠は鎌倉時代中期に活躍した古備前派の刀工であり、今日の備前長船派の実質的な祖である。その現存する作品は30振と少ないが、その作品の内から国宝３振・重要文化財15振が指定されている。この太刀は、豊臣秀吉佩刀《はいとう》とも伝えられる。（写真提供：島根県立古代出雲歴史博物館）

（下）附「菊桐紋蒔絵《まきえ》糸巻《いとまき》太刀拵《こしらえ》」（出雲大社所蔵　重要文化財）桃山時代
総長103.3㎝、柄長22.6㎝で、鞘《さや》総体を金梨地《なしじ》として菊紋と五七紋を金蒔絵で施している。鍔《つば》等の金物類は、赤銅で魚々子《ななこ》地《じ》に菊桐紋を彫り出し、金薄板を着せる。その蒔絵技法などから桃山時代の特色をよくあらわしている。（写真提供：島根県立古代出雲歴史博物館）

口絵６　吉兆幡《きっちょうばん》一斉立兆《いっせいりっちょう》

出雲大社平成の大遷宮奉祝行事として平成25（2013）年５月19日（日）に大社町内の14地区の吉兆保持者団体が一堂に会し、出雲大社境内において一斉立兆が行われた。そして、参加者全員で大社神謡を謡い、遷宮を祝った。

目次

第1章

第Ⅴ期公開講座の主旨と実施状況

第Ｖ期公開講座の主旨と実施状況

公益財団法人
いづも財団事務局

一　公開講座の主旨と計画

1　公開講座の主旨

出雲大社は、主祭神を大国主大神とする宗教施設ですが、古代神殿の高さは今の倍の約四八メートルであったなど、宗教的な面や建築学的な面で語られることが多いように思います。

一方、出雲大社は古くからの神社であるので、所蔵される絵画、刀剣、書画、骨董などの文化財も豊富です。寄進されたものもあれば、出雲大社が自ら制作したものもあります。

それらの中には、「秋野鹿蒔絵手箱《あきのしかまきえてばこ》」（国宝）や「心御柱《しんのみはしら》」（重要文化財）、「豊臣秀吉の佩刀《はいとう》」（重要文化財）、「後醍醐天皇綸旨《りんじ》」（重要文化財）など貴重な文化財も含まれています。また、そのほか、県や市の文化財に指定されている文書や美術工芸品も多数存在します。

ところが、これら出雲大社の文化財については、一般にはそれほどよく知られていないものも多いように思います。そこで、本講座では、所蔵文化財の中でも皆様方にぜひ知っていただきたいものをいくつか抽出して、その概要を紹介したいと思います。

また、出雲大社のお膝元《ひざもと》にあたる門前町杵築は、出雲大社とともに発展した町です。そこには、他所にはみられない特色のある行事も存在します。その筆頭にあげられるのが、吉兆神事でしょう。毎年正月三日に、大社町の杵築地区と修理免の町内会がそれぞれに、「歳徳神」と刺繍された吉兆幡を町内の荒神社のほか、出雲大社や千家・北島両国造家などで立兆します。立兆に合わせてシャギリと神謡が奉納されます。その起源は江戸中期と考えられていますが、詳しいことはまだわかっていません。この講座では、そこを明らかにしたいと考えています。

このほか、大社には他所に比べて民話が数多く遺されていることでも知られています。民話は、親から子、子から孫へと語り継がれてきました。そのために綿々と伝承されてきましたが、高度成長期に入り、テレビや映画などの映像文化が普及し、核家族化が進行すると、民話は家族間ではほとんど語られなくなってしまいました。そのため、民話は人々から振り向かれなくなりました。

　ところが、地元の大社では高度成長期に歴史愛好家による団体（大社史話会）が、録音機を携えて古老の家を一軒一軒回り、貴重な民話を採録されました。さらに、これらを同人誌の『大社の史話』に随時掲載し、共有の財産として遺《のこ》すこととなりました。そのために、大社町には貴重な「昔話」が今なお豊富に遺っています。

　本講座では、前半の三回の講座で「出雲大社の宝物」を紹介し、後半の二回の講座では「門前町の伝統」について実演を組み込みながら紹介していきたいと思っています。

2　公開講座の計画

　このような考え方により、立案した講座計画が次ページの表1です。

二　公開講座の実施状況

第一回講座（平成二十九年六月十日〈土〉）

　会場　島根県立古代出雲歴史博物館

主題　聖なる地からの出土品と巨大神殿

演題A　聖地誕生の歴史的背景～銅戈・勾玉の語るもの

講師　松尾充晶先生

（島根県古代文化センター専門研究員）

松尾先生から「出雲大社はどうしてこの地に立てられたか」についてお話を聞きました。この点について、先生は、寛文の造営の際に命主社《いのちぬしのやしろ》境内から宝器である銅《どう》戈《か》・勾玉《まがたま》が出土したことから、この地域が古くから聖なる地であると考えられていたのではないかと説明されました。また、出雲大社の西方に位置する稲佐の浜は、かつては出雲の海の玄関口とし

銅戈（左）と勾玉（右）
（いずれも重要文化財）

表１　いづも財団公開講座　第Ⅴ期（平成29年度）
主題：出雲大社の宝物と門前町の伝統（全５回）

回	講座テーマ	講演題目及び講師名	開催期日
1	聖なる地からの出土品と巨大神殿	Ａ：聖地誕生の歴史的背景 ～銅戈・勾玉の語るもの（70分） 松尾　充晶（県古代文化センター専門研究員）	【平成29年】 ６月10日(土) 13:30 ～ 16:10
		Ｂ：発掘された巨大神殿の「心御柱」（70分） 錦田　剛志（万九千神社・立虫神社宮司）	島根県立古代出雲歴史博物館
2	出雲大社所蔵の古文書と絵画	Ａ：後醍醐天皇からの綸旨（70分） 長谷川博史（島根大学教授）	８月５日(土) 13:30 ～ 16:10
		Ｂ：江戸初期に描かれた土佐派「三十六歌仙図額」と狩野派「三月会神事図屏風」（70分） 岡　　宏三（県立古代出雲歴史博物館専門学芸員）	島根県立古代出雲歴史博物館
3	出雲大社に奉納された美術工芸品	Ａ：贅を尽くした「国宝・秋野鹿蒔絵手箱」（70分） 藤間　　寛（松江歴史館学芸専門監）	10月７日(土) 13:30 ～ 16:10
		Ｂ：豊臣秀頼奉納の秀吉の佩刀「重要文化財・菊桐紋蒔絵糸巻太刀拵」（70分） 末兼　俊彦（東京国立博物館主任研究員）	島根県立古代出雲歴史博物館
4	出雲地方の口承文芸と大社の民話	Ａ：出雲地方の口承文芸（90分） 酒井　董美（元島根大学教授）	12月９日(土) 13:30 ～ 16:10
		Ｂ：大社に伝わる民話を語る〈実演〉（50分） いずも民話の会の皆様	島根県立古代出雲歴史博物館
5	門前町に伝わる吉兆神事と大社神謡	Ａ：県指定無形民俗文化財・大社吉兆神事（60分） 品川　知彦 （県立古代出雲歴史博物館学芸企画課長）	【平成30年】 ２月24日(土) 13:00 ～ 16:10
		Ｂ：吉兆神事の由来（70分） 城﨑　陽子（獨協大学特任教授）	大社文化プレイスうらら館
		Ｃ：大社神謡を朗詠する〈紹介と実演〉（35分） 大社町内の神謡・船謡保存会の皆様	

（注）役職名は、平成29年度当時のものです。

て、大陸や九州北部との広域交易の拠点であったことなども理由ではないかとの見通しを示されました。

演題B　発掘された巨大神殿の「心御柱」
講師　錦田剛志　先生（万九千神社宮司）

出雲大社宝物殿に展示されている「心御柱」（重要文化財）

平成十二（二〇〇〇）年、出雲大社境内から巨大柱が発見され、大きな話題となりました。その中にこれまで公開されてこなかった「心御柱《しんのみはしら》」が修復を終え、このたびリニューアルオープンした宝物殿に展示されることになっています。錦田先生より最古の神社建築様式である「大社造」と「心御柱」との関係やその意味についてお話しいただきました。先生によれば、その建築は垂直性と巨大化を志向し、柱には心意的意味があるとのことでした。

第二回講座（平成二十九年八月五日〈土〉）
会場　島根県立古代出雲歴史博物館
主題　出雲大社所蔵の古文書と絵画
演題A　後醍醐天皇からの綸旨
講師　長谷川博史　先生（島根大学教授）

出雲大社には隠岐を脱出した直後に作成した後醍醐天皇の綸旨《りんじ》が七通（うち二通は重要文化財指定）所蔵されています。綸旨は、天皇の意思を伝えるため、秘書役の「蔵人《くろうど》」が作成・発給した文書のことです。後醍醐天皇は、天皇親政の中央集権国家をめざし、これまでとは異なった政治体制を築こうとしていました。そのために、

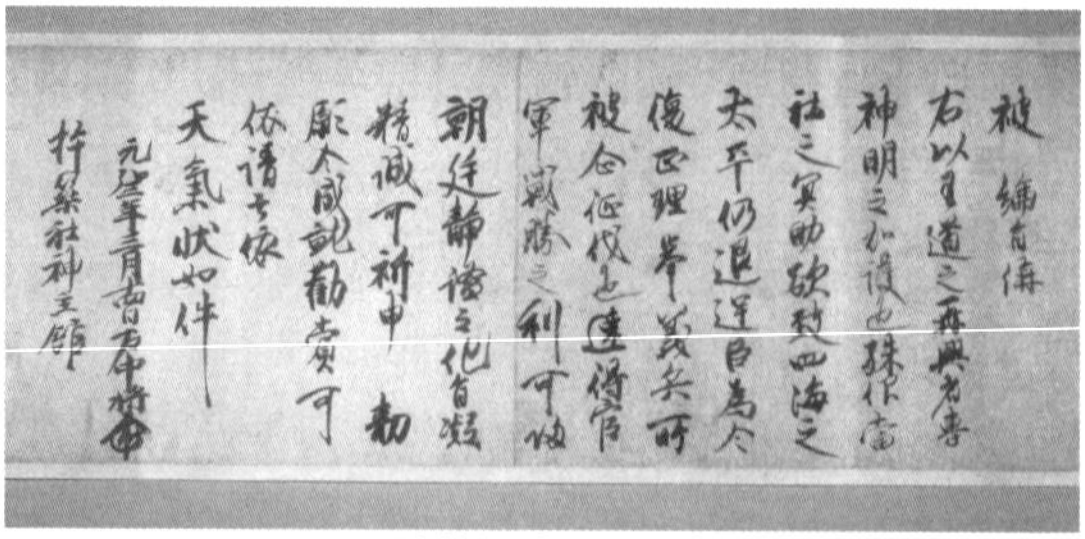

後醍醐天皇王道再興綸旨《おうどうさいこうりんじ》（重要文化財）

天皇の意思を伝える綸旨を多数発給しました。その綸旨は当時の政治状況を知る上でとても貴重なものだとの説明がありました。

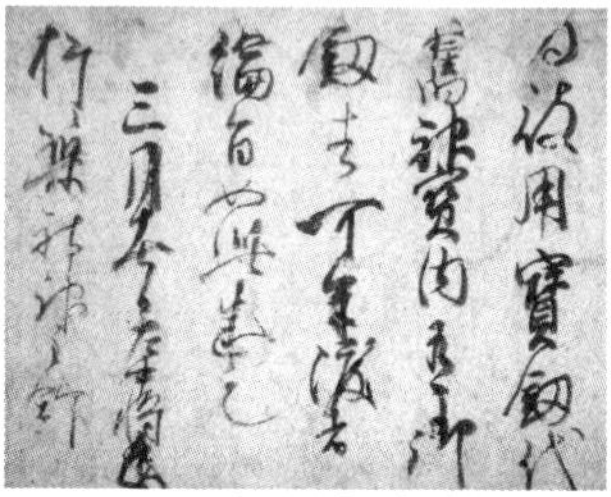

後醍醐天皇宸翰宝剣勅望綸旨《しんかんほうけんちょくぼうりんじ》
（重要文化財）

演題Ｂ　江戸初期に描かれた土佐派「三十六歌仙図額」と狩野派「三月会神事図屏風」

講師　岡　宏三　先生

（島根県立古代出雲歴史博物館専門学芸員）

岡先生から出雲大社に所蔵されている二つの絵画について説明がありました。一つは土佐派の「三十六歌仙図額」であり、もう一つは狩野派の「三月会《さんがつえ》神事図屏風」です。当時、これらの絵は絵師が一人で制作するのではなく、絵師の一族や門人らがプロダクションのような組織を作り、協業・分業によって一つの作品を仕上げていたそうです。このような一級の作品が出雲大社に所蔵されていることに、とても驚きました。また、土佐光起の「三十六歌仙図額」は、重要文化財ほどの価値があるとも話されました。

三十六歌仙図額　小野小町の図額（部分）

三月会神事図屏風（部分）

第三回公開講座（平成二十九年十月七日〈土〉）
会場　島根県立古代出雲歴史博物館
主題　出雲大社に奉納された美術工芸品
演題A　贅《ぜい》を尽くした「国宝・秋野鹿蒔絵手箱」
講師　藤間　寛　先生（松江歴史館学芸専門監）

一三世紀半ば頃、出雲大社の社殿造営に際して奉納された「秋野鹿蒔絵手箱《あきのしかまきえてばこ》」は、漆工技法や製作技法などが非常に精巧であり、わが国の三大手箱とも言われ、かつては松江藩主松平不昧が所蔵したほどでした。長い間、出雲大社の神宝として保存されていましたが、明治三十五（一九〇二）年五月十五日、内務省古社寺保存会の委嘱で国宝調査にやってきた彫刻家高村光雲によって発見され、国宝に指定されたとのことでした。

秋野鹿蒔絵手箱（国宝）

演題B　豊臣秀頼奉納の秀吉の佩刀
「重要文化財・菊桐紋蒔絵糸蒔太刀拵」
講師　末兼俊彦　先生（東京国立博物館研究員）

これは慶長十四（一六〇九）年の杵築大社遷宮に際して、豊臣秀頼が奉納した「古神宝《こしんぽう》」と伝えられています。刀は、備前長船《びぜんおさふね》派の祖と言われる光忠《みつただ》の初期（一三世紀）の作で、格式がとても高く、重要文化財にふさわしいものとのことでした。しかし、豊臣秀吉の腰物《こしもの》帳を調べたことがありますが、これを秀頼が秀吉からいただいたものかどうか、また、なぜ豊臣家がこれを出雲大社に奉納したかなど、この太刀を巡る背景についてはよくわからなかったとさ

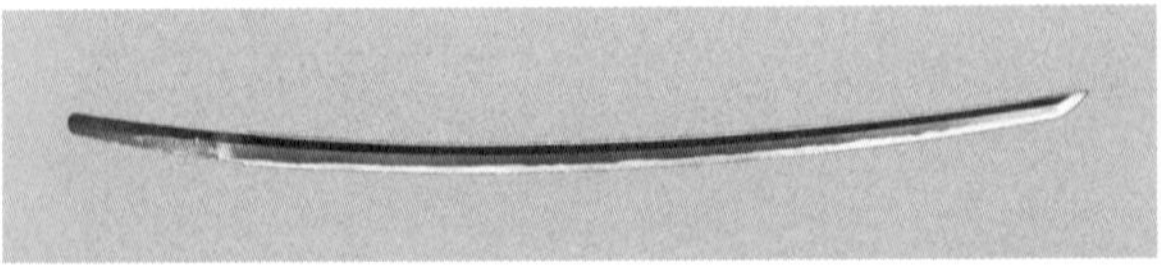
太刀「銘　光忠」（重要文化財）

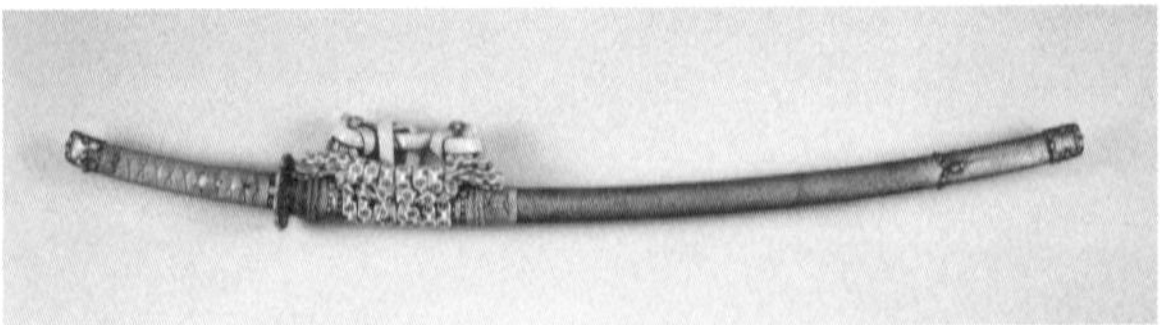
附「菊桐紋蒔絵糸巻太刀拵《こしらえ》」（重要文化財）

れ、最新の研究成果の一端を聞きました。

第四回公開講座（平成二十九年十二月九日〈土〉）

会場　島根県立古代出雲歴史博物館

主題　出雲地方の口承文芸

演題Ａ　出雲地方の口承文芸～奥出雲町の昔話「金の犬こ」のことを通して～

講師　酒井董美《ただよし》先生（元島根大学教授）

仁多郡奥出雲町阿井《あい》で語られていた昔話「金の犬こ」を取り上げ、その中に流れている祖先の思想や風習、信仰、願いなどを具体的に聞きました。まるで「浦島太郎」と「花咲かじいさん」を一緒にしたような昔話は全国各地にもあり、その中に出てくる「竜宮《りゅうぐう》」とは、先人が描いている理想の国「神の国（祖霊界《それいかい》）」であり、真似してばかりの長者が最後に殺されるのは、祖先の人々が自分の考えを持ち、行動することを大事にしていたことを物語るものだとのことでした。

講演中の酒井薫美先生

演題Ｂ　大社に伝わる民話を語る（実演）

出演者　いずも民話の会の皆様

いずも民話の会は、当地に伝わる昔ばなしの語り部として研鑽を積んでおられる方々の会です。その活動は意欲的で、平成二十五（二〇一三）年には地元出版社から著

心をこめて昔話を語る

出演されたいずも民話の会の皆様

書『神々の運定め』（ハーベスト出版）を刊行なさっています。

当日は、花田敦子さんの「おいみさん　みゃーらや…」の歌声が始まると、場内の雰囲気が一気に和やかになりました。その後、多々納テル子さんの「神々の運定め」、後長《ごちょう》敏子さんの「あわてものの大社さんまいり」、花田さんの「天の神さん、地の神さん」、佐藤槇子《まきこ》さんの「わらべうた　てあそび」、藤川照子さんの「えびすさんとにわとり」、佐藤さんの「四文八文合計十二文なり」が披露されました。大社にはたくさんの民話が、今でも大切に語り継がれていることを知りました。

第五回公開講座（平成三十年二月二十四日〈土〉）

会場　大社文化プレイスうらら館

最終回の第五回公開講座は、受講者数が多かったために、会場を島根県立古代出雲歴史博物館から大社文化プレイスうらら館に移して行いました。

一三時からの受付でしたが、受付時刻前にはすでに行列ができていました。大人に交じって地元の中学生の姿も目にしました。会場は、三六〇名の受講者でいっぱいとなりました。

今回の公開講座では、次の講演会と実演を行いました。

受付風景

地元の中学生も受講しました

主題　門前町に伝わる吉兆神事と大社神謡《しんよう》

演題Ａ　県指定無形民俗文化財・大社吉兆神事

講師　品川知彦《としひこ》先生

（島根県立古代出雲歴史博物館学芸企画課長）

大社町の正月行事に、「吉兆神事」（県無形民俗文化財）があります。毎年正月三日に行われる伝統行事です。

吉兆とは、「歳徳神」と大きく縫い取りをした高さ八メートル余の幡を立てた山車《だし》のことです。これを旧出雲大社領に属する地区民が、町内ごとに地元の氏神から出雲大社、千家北島両国造家などに出向いて立兆《りっちょう》し、鼕《どう》の囃子《はやし》に合わせて神謡を謡《うた》い、無病息災と一年の幸せを祈ります。大社町では現在一四の地区が吉兆幡《ばん》を出していますす。また、日御碕でも正月になると地区民が日御碕神社に吉兆幡を奉納しているとのことでした。

品川先生は、吉兆神事や各地区の吉兆幡の特色について説明されました。それによると、現存する吉兆幡の中で最も古い幡は享和三（一八〇三）年の越峠《こえど》町内のものであること、吉兆神事が始まったのは享保十六（一七三一）年ごろであり、およそ三〇〇年の歴史をもっているということなどを教えていただきました。

吉兆神事について、新しい知識をたくさん得ることができました。

演題Ｂ　吉兆神事の由来
講師　城﨑《しろさき》陽子　先生（獨協大学特任教授）

吉兆神事は、出雲大社や国造家との関わりが深く、年頭の予祝儀礼として享保末から延享年間（一七三六～四七）頃までに始まっていたようです。ところが、文化五（一八〇八）年正月に住人間で喧嘩が起こったため中止となりました。その後、杵築町内が衰退したため、住民は、町を活性化するためには、吉兆神事が必要なことを訴えて、再興を果たしました。

城﨑先生は、住民が吉兆行事を町の活性化や繁栄と結びつけるようになったところに、この地域の特徴があると述べられました。

演題Ｃ　大社神謡を朗詠する―紹介と実演―
出演者　鷺浦行事保存会、宇龍区、御碕区、上中村町内会、大社神謡保存会
司会　馬庭孝司《たかし》　様（大社神謡保存会会長）

馬庭孝司様の司会により、五つの団体が各地域に謡《うた》い継がれている船謡《ふなうた》、ながそ節、目出度い節、御碕船唄、吉兆船謡、大社神謡などを一堂に会して謡い比べました。五つの団体に共通していたことは、独吟《どくぎん》と伴吟《ばんぎん》に分かれ、謡《うた》に長《た》けた年長の独吟の後に伴吟（全員）が続いて謡うことでした。これまで地元町内の神謡しか知らなかった者にとって、鷺浦・宇龍・御碕の船謡を聞くのは初めてでした。

また、江戸時代末期の国学者中村守臣《もりおみ》の作とされる「八雲立《やくもたつ》」の歌詞も、町内で微妙に異なっていることもわかりました。

最後には、大社神謡保存会の嘉藤京市さんの独吟に合わせ、出演者と客席が一緒になって「八雲立」を謡いあげました。三六〇名もの歌声が館内いっぱいに響きわたりました。

360名もの受講者がありました

三　参加者の状況

平成二十九年度の当財団の公開講座は、全体主題を「出雲大社の宝物と門前町の伝統」とし、全五回実施しました。それぞれの講座に出席した受講者数は、左記のとおりです。

○第一回講座（六月）……………一一九名
○第二回講座（八月）……………一〇三名
○第三回講座（十月）……………八三名
○第四回講座（十二月）…………九一名
○第五回講座（二月）……………三六三名
計　七五九名

受講者総数は、例年は六〇〇名前後ですが、今年度は、七五九名と一六〇名ばかり増えました。その理由としては、第五回講座を「門前町に伝わる吉兆神事と神謡・船謡」としたために、地元の大社町を中心にして三六三名もの受講者があったからです。

地元の大社町吉兆神事保存会連絡協議会や大社神謡保存会などの諸団体からの多大なる支援があり、多数の方々の受講がありました。毎年出雲大社に吉兆神事を奉納される保存会の中には、この場を研修の機会と捉え、町内会ぐるみで参加されたところもありました。これまで、吉兆神事は毎年奉納するが、その歴史や意義についてはほとんど学ぶ機会がなかっただけに、本講座が地元の方々の知的好奇心を刺激したことは間違いありません。

さて次に、参加いただいた受講者を地域別にみると、出雲市（大社町も含む）からの受講者が圧倒的に多く、全体の七五％を占めました。会場に近く、しかも身近な事柄が主題となっていたことが大きな理由と思われます。次いで、松江市、雲南市、大田市の順となります。江津市以西からの受講者はありませんでした。今後は、石見西部からの受講者をどうするかについても考えていかねばならないと思いました。

第５回講座の受講者（大社文化プレイスうらら館）

第2章

大社の吉兆神事と神謡《しんよう》・船謡《ふなうた》

吉兆幡と吉兆神事【講演記録】

品川知彦

しながわ・としひこ
昭和三十八（一九六三）年山口県生まれ。東北大学大学院文学研究科博士課程前期修了。島根県立古代出雲歴史博物館学芸企画スタッフ調整監。専門は宗教史・宗教民俗学。
【編著書・論文等】
『出雲大社』（共著、柊風社、平成二十五年）、『出雲大社の祭礼行事』（共著、古代文化センター、平成十一年）など

はじめに

品川と申します。よろしくお願いいたします。

八年前に古代出雲歴史博物館で「歳徳神を招く―吉兆幡勢揃い―」という吉兆幡に関する展示をしたことがあります。私がこの展示の担当だったということで、展示にあたって吉兆幡や吉兆神事について調査させていただきました。その調査の内容にもとづいて話をさせていただきたいと思います。ただ、「歳徳神」や吉兆神事の由来や歴史については後ほど城﨑陽子先生から詳しくお話があると思いますので、これらの内容については、さわりだけに留めておきたいと思います。

吉兆幡の多くには「歳徳神」の神号があしらわれています。一般に正月には各家で歳神を迎えて祀《まつ》りますが、出雲地方などではこの家で祀る歳神に加えて、集落全体でも歳神が祀られます。この集落全体で祀る歳神が歳徳神と呼ばれていますが、このように家で祀る歳神に加えて、集落全体でも歳神を祀ることは、出雲地方から伯耆地方西部の特徴とされています。

ところで松江や出雲では一般に、この歳徳神は歳徳宮と呼ばれる神輿に祀られることが多いのですが、大社では鉾などをその頂きに付けた吉兆幡に歳徳神が祀られます。大社では、出雲地方周辺に特徴のある祭の中でも、さらに独特な祀り方をしている、ということができるでしょう。

このような歳徳神の祭はいつから始まったのでしょうか。吉兆神事については、「千家家日記」の享保十六（一七三一）年一月十六日条に、「假宮村、中村、大土地村祈願之通リ物興行ス」と記され、祈願の「通り物」が三ヶ村から出たという記録が最初のようです。このことは、千家和比古先生が『祭礼事典　島根県』（桜楓社、平成三年）の「吉兆・番内」の項目の中で紹介されています。実は、「北島家日記」（北島家蔵）の同年同日条にも、「大土地中村修理宮（免カ）三ヶ村よりとうねり仕候」と吉兆神事に関する記録が記されており、これらのことは、この辺りから神事が始まったことを示していると思われます。当初は十六日の行事として始まったようですが、千家氏によれば、数年経った元文三年（一七三八）頃から十四日の行事として定着していったようです。それから城﨑陽子先生が記されていることですが、手銭家「御用留」の寛政七（一七九五）年条に「五、六十年来この行事を行って」きたという記載があります（『大社町史』中巻、平成二十年）。寛政七年から五、六十年前に始まったという記述は、少なくとも現在の形の吉兆神事が、享保十六年頃に始まったという先ほどの推測を裏付けているように思います。

一方、歳徳神を歳徳宮として神輿《みこし》で祀る松江側では、確認できる範囲で一番古いものとして、延享四（一七四七）年の白潟灘町の歳徳宮の扁額があります。また歳徳宮の棟札では、宝暦十四（一七六四）年の和多見町のもの、安永四（一七七五）年の北堀町三区のものがあります。大社側と松江側、双方の記録を眺めて見て言えることは、出雲地方において集落で歳徳神を祀り、それに対して現在見る形での祭を行うことは、一八世紀前半には始まっていたと考えて良いでしょう。

さて先ほど触れた「千家家日記」の享保十六年一月十六日条では、吉兆神事は「祈願の通リ物」、元文三年一月十四日条では「歳徳祭の通物」として記されています。また「北島家日記」の寛保二（一七四二）年一月十四日条には「左吉長通り物」と記されています。これらの記載では、吉兆神事は「通り物」とされているのです。この「通り物」は行列という意味程度に解釈していたのですが、芸能史の山路興造氏から「通り物」は、一つの祭礼形態を示す用語という御指摘を受けました。そこで『日本民俗大辞典』（吉川弘文館、平成十二年）で「通り物」を調べてみたのですが、見出し語としては出てきません。一ヶ所のみ、皆さんご存知の「博多どんたく」の説明の中に出てきます。これによれば、博多どんたくは博多松囃子を受け継いだもので、小正月に博多の商人が、稚児、福神・恵比寿・大黒の三福神、傘鉾、通りもん（通り物）からなる行列風流を仕立てて、福岡城を訪れ、藩主に祝賀の意を表する行事としています。その上で「通り物」については括弧書きで、仮装や囃子に趣向を凝らした行列としています。ところで、現在ではどんたくを「通り物」とは言わないようです。「博多通りもん」というお菓子はご存知だと思いますが、現在では、どんたくの「通り物」は、お菓子の名前にのみ後を留めているのみとなっているのです。

祭礼形態を示す用語として「通り物」を見た場合、大正六（一九一七）年の奥書のある「津和野百景図」にも「通り物」の記載があります。「津和野百景図」は、栗本各齋が幕末期の津和野藩の町並みなどを百景として描いたものです。その中の祇園会、現在の鷺舞につながる祭礼のうち、流鏑馬《やぶさめ》を描いた図の説明に「通り物」が出てきます。ここには「このやふさめの状ハ毎年六月七日祇園會花傘に沿ふ五町まちの内本町の出す通りものにて鷺原八幡宮祭禮に行ハる、処の流鏑馬に扮するものなり」と記されています。また、これも祇園会の話ですが、百景図の一つとして『祇園會通り物の、内ヱ、聟』が描かれ、ここでは祇園会の中で仮装をした人たちを含む行列を「通り物」としています。

このような点から見れば、吉兆神事は祭礼形態としての「通り物」の、津和野の祇園会と並ぶ県下の代表例としても位置づけることができるかもしれません。

一　大社に伝わる吉兆幡

吉兆幡、吉兆神事の話に戻りますが、吉兆神事は現在では正月三日、近世では正月十四日に、吉兆幡をまず集落の鎮守社に立て、それから先祓い役として幣もしくは榊を持つ猿田彦が先導して出雲大社や両国造家、そして集落内を巡行します。この巡行には青竹を持つ番内（厄年の男性役）が付き添います。そして出雲大社や両国造家などでは、吉兆幡が立てられます。このような吉兆神事の中心になるのが吉兆幡です。吉兆幡は基本的にビロード地もしくは羅紗地に、金糸で「歳徳神」などの神号が刺繍され、その周囲に龍や鶴亀などの吉祥文があしらわれています。そして吉兆幡の上には日月、雲を描いた扇と鉾を付けることになっています。一言でいえば、吉兆幡は歳神を迎える依り代と言えるでしょう。

　現在、確認できた範囲では大社町には二七流の吉兆幡が伝わっていますが、その多くは平成十二年に修復（復元）されています。これからお見せするものは、その復元前の写真です。皆さんは地元の吉兆幡は見られたことがあると思いますが、他の地域の吉兆幡は余り見たことがないかもしれません。

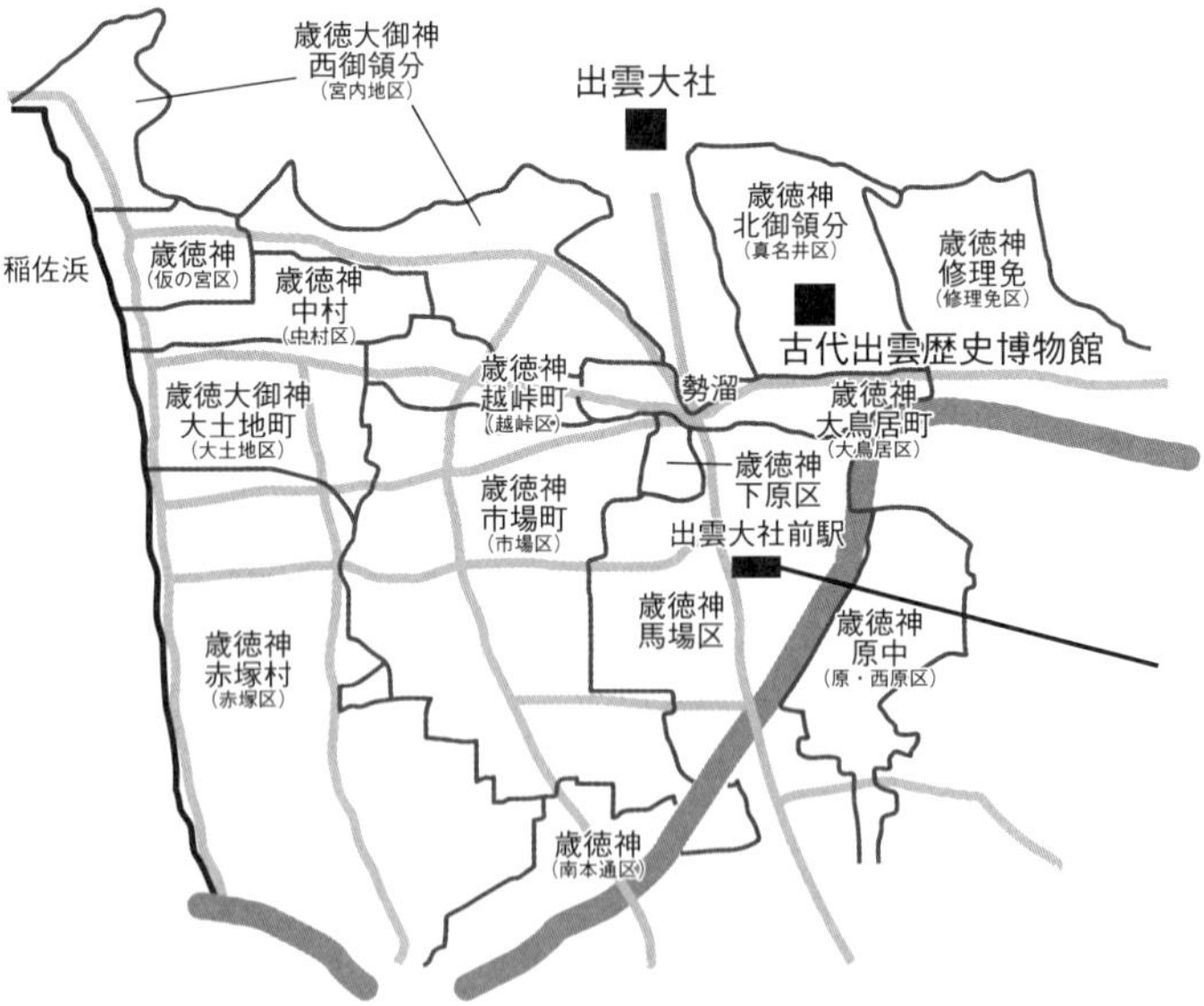

図　吉兆幡を繰り出す地域（杵築）

　現在、一番古いと伝えられている吉兆幡は、享和三（一八〇三）年の越峠《こえど》の吉兆幡（写真１）です。ただしこれには、「歳徳神」ではなく、「三寶大荒神」という神号があしらわれています。その後、文政三（一八二〇）年の同じ越峠の吉兆幡（写真２）では「歳徳神」と記されるようになっています。なお、越峠には昭和二（一九二七）年の吉兆幡（写真３）も伝わっています。仮の宮には天保三（一八三二）年頃の「八大荒神」の神号のもの（写真４）と、明治初期の「歳徳神」のもの（写真５）と二つ伝わっています。市場の安政五（一八五八）年製作、明治三十二（一八九九）年修復の「歳徳神」の吉兆幡には、裏にも松竹梅の刺繍が入っているのが特徴的です（写真６）。

写真１　三寶大荒神（越峠荒神社吉兆神事保存会蔵）★

（★は島根県指定有形民俗文化財）

写真２　歳徳神　越峠町（越峠荒神社吉兆神事保存会蔵）★

写真３　歳徳神　越峠町（越峠荒神社吉兆神事保存会蔵）★

写真４　八大荒神（仮の宮吉兆行事保存推進協議会蔵）★

写真５　歳徳神（仮の宮吉兆行事保存推進協議会蔵）★

写真６　歳徳神　市場町（市場吉兆行事保存会蔵）★

吉兆神事の様子（写真提供：吉兆館）

中村の「歳徳神」の吉兆幡（写真7）は、平成十二年の全体的な修復の前、平成九年に独自で修復されています。この際、慶応元（一八六五）年修復と伝える古い吉兆幡から文字や刺繍の部分を切り抜き、修復された吉兆幡に用いています。中村にはこの古い吉兆幡（写真8）とともに、「原図」と呼ばれる美濃紙に実際の模様を写したもの（写真9）も伝わっています。この原図はかつての中村の吉兆幡を反映させたものと考えられますが、いつの時点のものか現状では不明です。

大土地には、明治二（一八六九）年の「歳徳大御神」

写真9　原図（中村吉兆保存推進協議会蔵）★

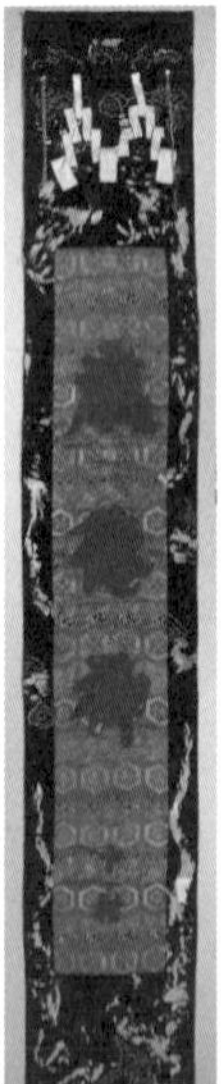

写真8　歳徳神　中村（中村吉兆保存推進協議会蔵）★

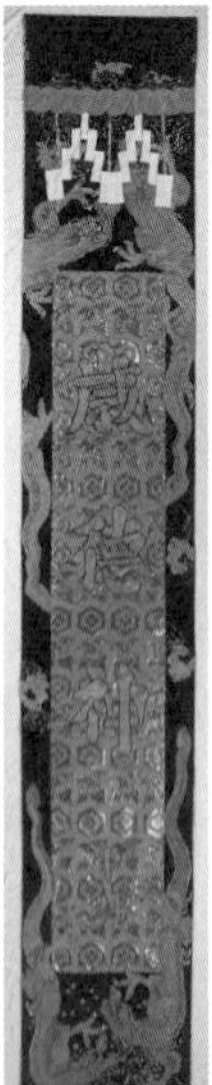

写真7　歳徳神　中村（中村吉兆保存推進協議会蔵）

の吉兆幡（写真10）とともに、明治四十四（一九一一）年の子供用の吉兆幡が伝わっています。原町・西原の「歳徳神」の吉兆幡（写真11）は慶応元（一八六五）年頃の製作ですが、これは馬場から譲り受けたものです。大鳥居には三流の吉兆幡が伝わっています。一つは安政四（一八五七）年頃のものとされ、現在では神号が経年劣化で確認できなくなっていますが、「歳徳大荒神」の神号があしらわれていたとされます（写真12）。その他、明治四十二（一九〇九）年の「十二大荒神」のもの（写真13）、昭和六（一九三一）年の「歳徳神」（写真14）のものが伝わっています。日御碕にも「歳徳神」のものが二流伝わっていますが（写真15）、どちらも明治三十二（一八九九）年製作とされています。

また個人蔵の吉兆幡として藤間家に「歳徳神」の吉兆幡（写真16）と「佐香大明神」の吉兆幡（写真17）が伝わっています。「歳徳神」の吉兆幡は正月に用いられたものですが、「佐香大明神」の幡は正月ではなく、かつて勢溜に祀られていた佐香大明神の九月の祭礼の際に用いられたものとされています。当時、藤間家は酒造業を営んでおり、その関係から酒造の神として知られる佐香大明神の吉兆幡をその祭の時に立てていたようです。個

写真10　歳徳大御神（大土地吉兆行事保存推進協議会蔵）★

写真11　歳徳神　原中（原町・西原吉兆行事保存委員会蔵）★

写真12　歳徳大荒神　大鳥居（大鳥居町吉兆行事保存推進協議会蔵）★

写真13　十二大荒神　大鳥居（大鳥居町吉兆行事保存推進協議会蔵）★

写真14　歳徳神　大鳥居町（大鳥居町吉兆行事保存推進協議会蔵）★

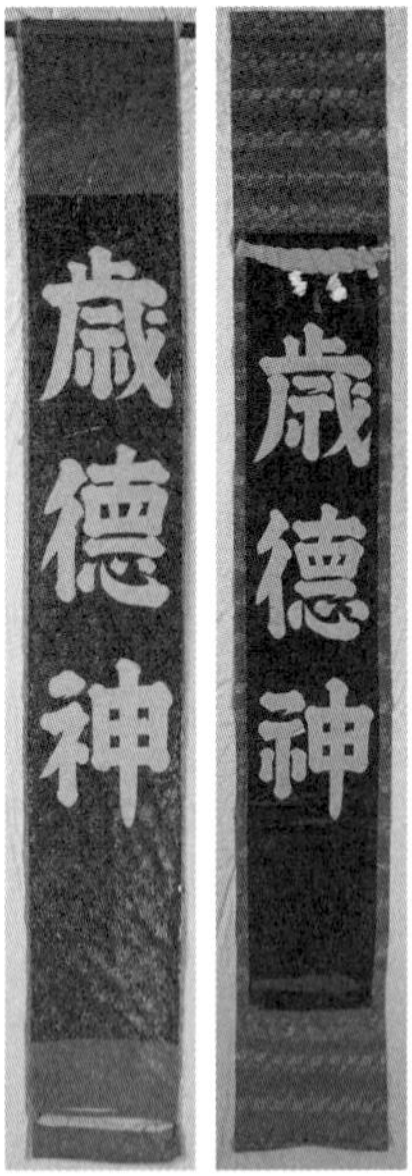

写真15　歳徳神（御碕区吉兆行事保存会蔵）★

人蔵のものとしては他に慶応三（一八六七）年の「稲荷大明神」の吉兆幡（写真18）があります。これらを含む二四流の吉兆幡が島根県の有形民俗文化財に指定されて

写真16　歳徳大御神　藤間姓（個人蔵）★

写真17　佐香大明神（個人蔵）★

写真18　稲荷大明神（個人蔵）★

います。この他に、稲佐の昭和六（一九三一）年以前に製作されたと考えられる「稲佐社大神」の吉兆幡（写真19）、南本通（出雲市指定有形民俗文化財・写真20）や下原（正門西）の子供用の吉兆幡（写真21）などがあります。

写真19　稲佐社大神　講中安全（稲佐区）

写真20　歳徳神（南本通吉兆行事保存推進協議会蔵）

二　歳徳神と荒神

さて、吉兆幡にあしらわれた神号が「歳徳神」のみならばわかりやすいのですが、紹介してきたように、中には「荒神」や、大鳥居の吉兆幡のように「歳徳大荒神」として「歳徳神」と「荒神」が混淆しているものもあります。神号に関して製作年代の古いものを順に並べると次のようになります。

享和三（一八〇三）年　「三寳大荒神」（越峠）
文政三（一八二〇）年　「歳徳神」（越峠）

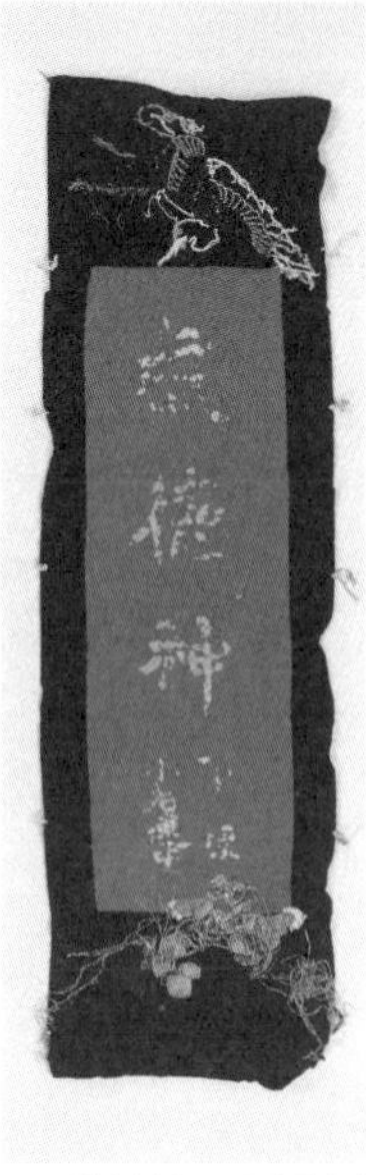

写真21　歳徳神　下原小若連中（正門西吉兆行事保存推進協議会蔵）

天保三（一八三二）年頃　「八大荒神」（仮の宮）
天保年間　「歳徳神」（赤塚・写真22）
嘉永三（一八五〇）年頃　「歳徳神」（真名井・写真23）

写真22　歳徳神　赤塚村（赤塚村吉兆行事保存推進協議会蔵）★

写真23　歳徳神　北御領分（真名井町内吉兆行事保存推進協議会蔵）★

嘉永六（一八五三）年　「歳徳神」（宮内・写真24）
安政二（一八五五）年頃　「歳徳大御神」（藤間家）
安政三（一八五六）年　「歳徳神」（修理免・写真25）
安政四（一八五七）年　「歳徳大荒神」（大鳥居）

写真24　歳徳大御神　西御領分（西御領分吉兆神事連絡協議会蔵）★

写真25　歳徳神　修理免（修理免吉兆行事保存推進協議会蔵）★

このように、古いものほど「荒神」の神号を持つ傾向があることがわかります。では「荒神」とはどのような神格なのでしょうか。

出雲地方では一般に、「荒神」は神木に藁蛇を巻く形で祀られています。実はこのような形で戸外に祀られる「荒神」は、伯耆地方西部から出雲地方にかけての特徴とされています。現在紹介している「歳徳神」の範囲とほぼ一致しています。このことは非常に興味深いことなのですが、その理由は現状のところよくわかりません。また「荒神」の性格についても、牛馬の神、先祖を祀ったものなど様々あり、また誰が祀るかによって屋敷神、同族神、集落の鎮守神などに分かれます。このように性格も祭の担い手も様々で一言ではなかなか言い表し難いのですが、出雲地方の荒神は、基本的には地の神として祀られる傾向があり、また共通の性格としては丁重に祀らなければ荒ぶると信じられていると見ることができるでしょう。

「荒神」の性格を、基本的には土地を守護する神格として捉えると、吉兆神事ではまずそれぞれの地域の鎮守社に吉兆幡を立てることが注目されます。そして大社町の多くの地域において、鎮守社は荒神社となっています。このことが、吉兆幡の古いものの中に「荒神」の神号があしらわれているものが多いことにつながっている、と現在のところ考えています。それとともに、正月の神（歳神）は一般に「あらがみ」とされることが多いことも、「歳徳神」と「荒神」に結びつく契機があったと思われます。

さらに、近世において杵築六ヶ村の土地の所有者は基本的に出雲大社です。この点が出雲大社および両国造家に吉兆幡が巡行することにもつながっていくと考えます。吉兆神事は、地域の祝い、とりわけ最も大切な新年の祝いに、鎮守社、それとともに土地の所有者としての出雲大社（両国造家）に吉兆幡を立てることが基本にあったのではないでしょうか。先ほど「通り物」との関係で博多どんたくの話をしました。どんたくは小正月に「通り物」を仕立てて、いわば地域の管理者としての藩主に祝賀の意を表する行事と説明しましたが、この意味において、吉兆神事は博多どんたくと相通じる性格を有していたとも言えるでしょう。

三　吉兆幡にあしらわれた吉祥文様

吉兆幡には多くの文様があしらわれていますが、いくつかを紹介しましょう。まず出雲大社（出雲国造家）の御紋です。西御領分、北御領分、大土地など多くの吉兆幡にこのご神紋があしらわれています。これには、出雲大社がその土地の所有者、いわば神領であるいうことが、その背景にあると考えられます。それから注連です。吉兆幡は歳徳神を迎える依り代として考えられますので、聖なるものが宿られるものという意識から注連があしらわれていると考えられます。また、神事が正月に行われることもあり、吉祥文様も多くあしらわれています。まず馬場の吉兆幡（写真26）などに見られる「龍」です。「龍」は繁栄をもたらすものとされています。吉兆幡の中では、昇龍、降龍、双竜などがあり、爪は三本のものが多くあしらわれています。「龍」の中には、大土地の吉兆幡のように生命の根源である「宝珠」を掴んでいるものもあります。仮の宮の吉兆幡には、この宝珠上部左右から炎が燃え上がる火焔宝珠《かえんほうじゅ》文があしらわれています。それから「虎」です。「虎」も霊獣とされ、聖域の守護や成功の象徴として考えられています。虎は竹林に住む、と伝承されていることから、大鳥居の吉兆幡では虎と竹がセットになっています。それから市場や下原（正門西・写真27）の吉兆幡にあしらわれている

写真26　歳徳神　馬場區（馬場大組吉兆行事保存会蔵）★

写真27　歳徳神　下原區（正門西吉兆行事保存推進協議会蔵）★

「鶴」・「亀」です。「鶴は千年、亀は万年」とよく言われますが、どちらも長寿を象徴します。どちらの「亀」も、長生きして藻が尾のようになった「蓑《みの》亀」と呼ばれる、よりめでたいとされる文様になっています。また西御領分（宮内）、修理免の吉兆幡には、願いが叶う道具、富貴の象徴としての「打出の小槌」があしらわれています。またこられの吉兆幡には同じく富貴の象徴としての俵、豊穣の象徴としての鼠もあしらわれています。富をもたらすダイコク様が念頭に置かれていると思われ、出雲大社のお膝元らしい文様といえます。

四　吉兆神事の歴史

吉兆神事の歴史については城﨑陽子先生のお話がありますので、概略のみ触れておきます。先ほど述べたように、史料上では享保十六（一七三一）年に「通り物」として始まります。実はその前年（享保十五年）に、北島直孝が国造を襲職しています。後にも触れますが、国造襲職は大社にとって最もめでたいことと考えられていたようです。想像たくましく言うならば、吉兆神事が始まった契機の一つにこの国造襲職があったのかもしれません。そして元文三（一七三八）年頃から、一月十四日の小正月の行事として定例化されていきます。そして、享和三（一八〇三）年には、現在に伝わる一番古い吉兆幡が作られています。

文化五（一八〇八）年には、越峠と市場の喧嘩があり、これを契機に杵築六ヶ村（越峠・市場・中村・大土地・仮の宮・赤塚）からの吉兆幡の巡行（吉兆神事）が禁止されます。一方、杵築六ヶ村以外の西御領分（宮内）、北御領分（真名井）、修理免、大鳥居などでは巡行が続けられました。この杵築六ヶ村の巡行禁止は嘉永四（一八五一）年までには、村内の巡行は可能になるなど一部解除され、安政六（一八五九）年には全面的に解除されています。そして明治二十九（一八九六）年頃までには、小正月の行事から正月三日の行事に変わります。また本来、吉兆幡の巡行では、飾り台に吉兆幡を立てたまま巡行するのが基本でしたが、昭和の初め頃に電線が町内にある程度張り巡らされ、吉兆幡を立てたままでの巡行ができなくなったために、現在のような巡行の形になっています。

このような歴史を通して問題としたいことは、文化五（一八〇八）年からおよそ五十年間、少なくとも杵築六ヶ村では吉兆幡の巡行が禁止されているにもかかわらず、新しい吉兆幡が製作されていることです。例えば越峠の文政三（一八二〇）年の吉兆幡、仮の宮の天保三（一八三二）年の吉兆幡（箱書による）、赤塚の天保年間の吉兆幡などが挙げられます。もちろん、巡行がないとしても新しい吉兆幡が製作された可能性はありますが、もう少し新しい幡を製作した理由が考えられないでしょうか。

巡行禁止期間の吉兆神事に関する史料を確認すると、まず、文政三（一八二〇）年の三原家文書に、「近年左吉長出し候事不相成ニ出し候とて」という記述があるようです。このことは梶谷実先生が「古文書・記録からの吉兆考」（『大社町史研究紀要』第二号、一九八七年）で紹介されています。この記述から言えることは、この年には禁止期間にも関わらず吉兆幡が出されたということです。また「北島家日記」文政八（一八二五）年一月十四日条には、越峠から宝船の巡行があったことが記されています。この宝船がどのようなものかはわかりませんが、それが推測可能な天保十二（一八四一）年の絵が原町に伝わっています。この絵は子供がいわば落書きとして書いたものですが、船形をした台車に吉兆幡と想定できるものが載せられています。これが宝船であったとすれば、文政八年には宝船という名目で吉兆幡が出された可能性が指摘できます。

また「北島家日記」文政十（一八二七）年一月十四日条には、「六ヶ村よりしゃぎり」があったことが記されています。ここでも通り物、すなわち吉兆幡の巡行があったとは書かれていません。しかし、「北島家日記」天保十一（一八四〇）年一月十四日条には、「両下屋敷大鳥居よりシャギリとて吉兆持来」と記されています。両下屋敷や大鳥居は杵築六ヶ村に含まれませんので、吉兆幡の巡行は許されており記載には矛盾はありません

宝船と思われる絵（個人蔵）

が、ここで注意したいことは、シャギリという名目で吉兆幡が持ち込まれていることです。この点から推測が許されるならば、文政十年のシャギリでは、シャギリという名目で吉兆幡が持ち込まれた可能性もあるのです。

また「北島家日記」天保三（一八三二）年一月十四日条には、「六ヶ村より几帳《きちょう》持出し申し候」と記されています。もちろん、天保三年は巡行禁止の期間なのですが、杵築六ヶ村から吉兆幡が持ち出されたようなのです。このようなことがあり、吉兆幡は大年寄預かりとなり、宝船、シャギリといった名目などでの巡行も困難になったと考えられます。

天保十（一八三九）年の「北島家日記」には、巡行があったとは記されていませんが、前年に北島全孝《たけのり》が国造襲職したことから、代始めであり、先例もあるので、六ヶ村から吉兆を年寄が持参したことが記されています。

このようにしてみると、禁止期間においても、文政三（一八二〇）年、天保三（一八三二）年のように、実際に吉兆幡が持ち出された年もあり、またシャギリや宝船といった名目で持ち出した可能性もあるのです。このようなことから、禁止期間にも新しい吉兆幡が製作されていったと考えることができます。とはいえ、吉兆幡が年寄預かりとなった天保三年以後は、基本的に吉兆幡を持ち出すことは困難になっていたかと思います。

ところで天保三（一八三二）年には、千家尊孫《たかひこ》が国造を継ぎます。このため天保四年には、前例があるので吉兆幡を持ち出して良いかどうかという伺いが出されたようです。この時は許可されず、国造家に吉兆幡がもたらされませんでした。重要なことは、国造の代替わり（火継ぎ）のあった翌年の正月には吉兆幡の巡行、もしくは国造家に吉兆幡を持ち寄ることが伝統だと考えられていたことです。このことはすでに紹介した天保十（一八三九）年の「北島家日記」の記載も同様です。大社の人々にとって、国造の代替わりは何よりも祝うべきことと考えられており、それ故に天保十年には、吉兆幡が国造家にもたらされたのでしょう。

五　吉兆幡の神号

もう一つ問題にしたいことは、吉兆幡にあしらわれた神号には、すでに触れた荒神・歳徳神の他に、稲荷大明神、佐香大明神、稲佐社大神がありますが、なぜこのような様々な神号を持つ吉兆幡が製作されたのか、という点です。正月の祭に歳徳神を吉兆幡に迎えて、あるいは鎮守社に祀る土地の神としての荒神を吉兆幡に迎えて吉兆神事が行われていたことは、これまで説明しました。それでは、他の神号の吉兆幡はなぜ製作され、どのように用いられたのでしょうか。

すでに説明したように「佐香大明神」に関しては、所蔵者によると、現在の勢溜《せいだまり》の千家尊福《たかとみ》の像の辺りに、かつて佐香大明神が祀られていて、その九月の祭に立てたものとされています。「稲荷大明神」についても、所蔵者は宮内西小路の霊験稲荷社の祭に立てられたのではないか、と推測されています。「稲佐社大神」の吉兆幡は、稲佐神社の祭の時に立てられていたものです。つまり、大社では、吉兆神事に限らず、他の祭の時にも神号をあしらった幡（吉兆幡）をその依り代としていた可能性があるのです。

この点に関して、『神道大系』神社篇三十七（神道大系編纂会、平成三年）に収録されている天保年間の『日記定格』（千家家蔵）が参考となります。『日記定格』とは、これまで「千家家日記」や「北島家日記」など国造家の日記の内容を幾つか紹介してきましたが、これらの日記のひな型として用いられていたものです。その二月初午条に稲荷社の祭として「例年之通り几帳并榊持、師子作花六本。鼕太鼓ニ而通物いたし候」と記されています。つまり稲荷社の祭の際にも、几帳《きちょう》を持ち出して、獅子、神事花《じんじばな》、鼕太鼓を伴った「通り物」がなされていたのです。『日記定格』の一月十四日条には「社中支配几帳通り物、北嶋支配并修理免几帳、市中鼕持参候」とありますし、「北島家日記」天保三（一八三二）年一月十四日条にも「六ヶ村より几帳持出し申候」とありますので、几帳とは吉兆幡を示していると考えられます。几帳とは一般的に木の枠組みの上に付けた豪華な幕のことを言いますが、その几帳を含めた通り物が、おそらく大社では歳徳神の祭の他に稲荷社など、他の祭でも行われていた可能性が高いのです。

推測に推測を重ねる形になりますが、このような几帳を用いた通り物を行う伝統が大社にあったがために、松江側のように神輿に歳徳神を祀るのではなくて、吉兆幡に歳徳神が祀られたのではないでしょうか。またそれ故に、歳徳神・荒神のみではなく、様々な神号を持つ吉兆幡が大社に伝わっている、とも言えないでしょうか。

六　おわりに

大社の吉兆神事の話をしてきましたが、同じ頃に始まったと考えられる松江の町部の歳徳神祭、すなわち鼕行列について少し触れておきたいと思います。

皆さんよくご存じの鼕行列、現在では十月第三日曜日に行われていますが、これは本来、歳徳神祭で、大社の吉兆神事と同じ意味を持った祭でした。歳徳宮の巡行にあわせて鼕を叩いていたものから、歳徳宮の巡行が抜け、いわばシャギリの部分が独立したものなのです。

明治初年に歳徳神祭が正月から紀元節と天長節に変更になります。その後しばらくの間、治安上の理由から歳徳宮の巡行は禁止されますが、大正四（一九一五）年に大正天皇の御大典を機に復活します。それを契機に歳徳宮の巡行と鼕行列が分離して、鼕行列のみが十一月三日（天長節）に行われるようになったのです。

明治初年に堀櫟山という人が、正月十三日の歳徳神の祭として描いている絵が残っています。そこには二階建ての建物があってその二階に歳徳宮が描かれています。昭和十三（一九三八）年の太田直行による『出雲新風土記』には、二階作りの建物を組立て二階に歳徳宮を飾り、階下で鼕を叩いていたと記されています。現在ではこのような歳徳神の祀り方はしていませんが、少なくとも松江の町部の歳徳神祭は、二階建ての仮屋を造り、その二階に歳徳宮を祀り、その下で鼕を叩いていたようです。

この仮屋の一階部分が、現在の鼕行列の鼕台につながっていきます。

北寺町の宮宿（写真提供：松江市鼕行列保存会）

このような仮屋（宮宿）が松江の北寺町に一つだけ残されています。江戸時代末に造られたもので、二階建てで二階に歳徳宮を安置し、一階では幕を張って鼕を叩くという形のものです。鳥居も残されています。ちょっと、脇道にそれてしまいましたが、平成二十六（二〇一四）年に松江市の有形民俗文化財に指定されたばかりですので、歳徳神祭つながりで紹介しておきます。

家ごとに祀る歳神とともに、集落でも歳徳神として祀ることは、伯耆西部地方から出雲地方にかけての特徴です。しかしながら大社以外では基本的には神輿に歳徳神を迎えますが、大社では、吉兆幡に迎えるという独特な形態を取っています。その背景には、大社では祭の際に、几帳（吉兆幡）を立てて「通り物」を行うという伝統があったのではないか、という推測をして私の話を終わらせていただきます。

【参考文献】

梶谷実「古文書・記録からの吉兆考」『大社町史研究紀要』第二号、昭和六十二年

兒玉良平他「大社町の正月行事」『大社の史話』一六号、昭和五十二年

品川知彦「大社町の吉兆神事」『山陰民俗研究』一六号、平成二十三年

特集展「歳徳神を招く—吉兆幡勢揃い」展示パンフレット、島根県立古代出雲歴史博物館、平成二十一年

千家和比古「吉兆・番内」『祭礼事典　島根県』桜楓社、平成三年

大社町史編集委員会『大社町史』資料編、大社町、平成十四年

大社町史編集委員会『大社町史』中巻、大社町、平成二十年

大社町史編集委員会『大社町史』下巻、大社町、平成七年

西橋建忠「西御領分吉兆様新調の顛末」『大社の史話』一二一号、平成十一年

西橋建忠「西橋家秘蔵の鬼面と幡」『大社の史話』一四六号、平成十八年

広瀬信憲「左儀長の事ども」『大社の史話』三五号、昭和五十五年

吉兆神事の伝承と意義【講演記録】

……城﨑陽子

しろさき・ようこ
獨協大学特任教授（講演時）。博士（文学）。神道扶桑教中講義。岡山県出身。國學院大學及び同大学院で櫻井満教授に師事。令和元年五月二十八日没。
【編著書・論文等】
『万葉集を訓んだ人々―「万葉文化学」のこころみ―』（新典社）、『富士に祈る』（ふこく出版）ほか多数。

はじめに―藤間家文書にみる吉兆神事―

吉兆神事は、各集落で「吉兆幡」と呼ばれる大型の幡を立てて、「番内」と呼ばれる異形《いぎょう》の者を先頭に行列を組み、出雲大社と両国造家へ年頭のあいさつに赴き、町内を練って祝う正月の神事です[1]。

この行事の各集落の相違は、吉兆幡に記される神名が「歳徳神」であったり「稲荷大明神」や「三宝大荒神」であったりというように異なっていることです[2]。神事の日取りが正月三日であることや、年頭の祝意がこめられた行事であることから、吉兆幡の神名では「歳徳神」と記されているものが本来のものと考えられます。

嘉永《かえい》元（一八四八）年に記された「藤間家文書」『左吉兆一件二付書類写』の中に、吉兆神事について書かれているくだりがあります（傍線は筆者による）。

①杵築市中、村別往古より②歳徳神の御徳神を書記し候、③几帳と申唱候幡様の物を、毎年④正月十四日⑤御宮様並に⑥御両家様へ持ち行き年頭の祝賀申し上げ、夫より其村〳〵持歩行拝礼いたし来たるに御座候処、御両家様へ罷り出で候

傍線部①に「杵築市中」とあり、これは杵築六ヶ村を表しています。現在の越峠、中村、仮の宮、大土地、市場、赤塚の六地域です。そして傍線部②の「歳徳神」

は「年神」の意味です。傍線部③の「几帳」が「左吉兆」とか「吉兆様」、「通り物」[3]と言われている「吉兆幡」のことを指します。傍線部④「正月十四日」については、現在吉兆神事は正月三日に行われていますが、この藤間家文書の中には、正月十四日の行事として行われていたことが確認されます。これは手銭家文書の『御用留』などでも確認されています。

そして傍線部⑤ですが、「御宮」というのは杵築大社のことです。⑥の「御両家様」は千家・北島両国造家のことを指しています。総じてみると、杵築市中では古《いにしえ》より正月十四日に歳徳神と記した吉兆幡を持ち歩き、杵築大社や千家・北島両家に持ちゆき、年頭の祝賀としたことが一連の文書の中から判ってきます。

しかし、はじめに記した「番内」が記されていないことに気づきます。このことは、「番内」の存在の変遷を示しており、異形《いぎょう》のものの象徴として鬼の面をかぶる番内が、異形であるからと言って決して悪しき存在ではなく、「通り物」の雰囲気を盛り上げる、風流物《ふりゅうもの》の一つとして近世期以降に生み出されていったのではないかと考えられます。

一　歳徳神と吉兆さん

ところで「歳徳神」はいったいどういうものか、『国史大辞典』の「歳徳神」の項を参考してみたいと思います（傍線は筆者による）。

> 年徳・としとくさま・年神・正月さまともよばれ、一年の福徳を司る神で、その方角に向かってことを行えば万事大吉で、いかなる凶神も犯すことができないとされる。陰陽道では南海の娑竭羅《しゃがら》竜王の娘頗《は》梨采女《りさいじょ》で、牛頭《ごず》天王の妻となり、八将神の母である。「容顔美麗、忍辱慈悲之体」とされる。歳徳神の方位は年の十干によって決まるが、具注暦や仮名写暦では十干、一般の仮名版暦では十二支で表わされる。甲・己歳は東宮甲方（寅卯の間）、乙・庚歳は西宮庚方（申酉の間）、丙・辛歳は南宮丙方（巳午の間）、丁・壬歳は北宮壬方（亥子の間）、戊・癸歳は中宮戊方（巳午の間（丑・辰・未・戌とする説あり））。歳徳神は日本古来の年神・正月さまの信仰と混合されており、また素戔嗚《すさのお》尊の妃櫛稲田姫であ

るともされている。歳徳神の方位に向けて歳徳棚を設け、酒肴を捧げてこの神を家に招く。歳徳神の方位を歳徳の方《かた》、明《あけ》の方あるいは恵方と称し、その方位の社寺に初詣することを恵方詣という。

一年の福徳を司る歳徳神の方角を「恵方《えほう》」と呼びます。ちなみにこの方角は毎年変わります。そして、その歳徳神が司っている恵方は、どんな凶神も犯すことができないということであるから、歳徳神の居ます恵方は最強の方位であると考えられます。

歳徳神は、陰陽道《おんみょうどう》では南海の裟竭羅竜王の娘頗梨采女だとか、牛頭天王の妻となって、八将神の母となっていると同辞典では説明されています。その姿は「容顔美麗、忍辱慈悲之体」というから、歳徳神は美しく、慈愛に満ちた神として祀られていたということになります。さらに、同辞典には、歳徳神が日本古来の年神・正月さまの信仰と混合されていることが記されています。また、素戔嗚尊の妃である櫛稲田姫だともされています。こうなると、歳徳神は恵方の神であるというだけでなく、その恵方を司るという信仰と、様々な神々が習合されていることがわかります。

歳徳神と書く幡を依り代として、歳徳神を招くということには、その年の一番良い方角の神様を招き、それをもってお正月のお祝いとするという意義が込められているといえるでしょう。

二　左義長と吉兆神事

次に「吉兆」という言葉の由来についてです。吉兆神事というものが、何に由来するのかということについて石塚尊俊氏が、左義長《さぎちょう》が元になっているとされ、これが語源説として定着しています。しかしそうでしょうか。まずは左義長について辞書的な説明をみておきましょう（傍線は筆者による）。

⑦小正月を中心に行われる火祭り。正月の松飾りを各戸から集めて、十四日の晩方ないしは十五日の朝にそれを焼くのが一般的な方式である。社寺の境内、道祖神のそばや河原などで行われる。トンド、ドンドンヤキ、サイトウ、ホッケンギョなどさまざまによばれており、いまなお広く行われている。サギチョウというのは、すでに平安時代の文書に「三

> 毬打」または「三毬杖」としてみられるが、⑧三本の竹や棒を結わえて三脚に立てたことに由来するといわれている。火の上に三脚を立てそこで食物を調理したものと考えられている。餅などを焼いて食すことはその名残かもしれない。いずれにしても、⑨木や竹を柱としてその周りに松飾りを積み上げるものや、木や藁で小屋をつくって子供たちがその中で飲食をしてから火を放つものなど多様である。関東地方や中部地方の一部では道祖神祭りと習合しており、燃えている中に道祖神祭りの石像を投げ込む事例もある。長野県地方のサンクロウヤキは松飾りとともに、サンクロウという木の人形を燃やす。また九州地方ではオニビとよばれて七日に行われている。多くの土地では、火にあたると丈夫になるとか、その火で焼いた餅を食べると病気をしないなどという⑩火の信仰が伝承されている。なお、中心の木を二方向から引っ張ったり、あるいは燃えながら倒れた方向によって作柄を占う、年占的な意味をもつようなものもある。(『日本大百科全書』)

傍線部⑦をみると、左義長は小正月《こしょうがつ》を中心に行われる火祭りで、正月の松飾りを各戸《こ》から集めて、十四日の晩方ないしは十五日の朝にそれを焼くのが一般的な方式であるとされています。先に記した「藤間家文書」に、吉兆神事が正月の十四日に行われていたとありましたが、この日がいわゆる小正月に当たることから「吉兆」は「左義長」から来たに違いないという話になってしまったと考えられます。

　ところが、左義長は実は火の祭りです。傍線部⑧⑨をみると、三本の竹や棒を結わえて五徳《ごとく》にし、そしてその五徳の中に正月の飾り物等を入れて焼くのが左義長であることがわかります。

　傍線部⑧には、木や竹を柱としてその周りに松飾を積み上げるものや、木や藁で小屋をつくって子供たちがその中で飲食をしてから火を放つなどのバリエーションもうかがえます。地域によって多様性があり、地域ごとに行われることが異なっています。しかし、最終的に帰結して共通していることは、傍線部⑩にも記されているように、火を焚く、あるいは燃やしていくことが左義長行事の大きな特徴です。

　吉兆神事には火の要素がない。この点からも左義長は吉兆神事の由来には当たらないと思われます。石塚尊俊氏の大社の調査内容には次のようにあります[4]。

> 〔大社〕では、昔、藩政時代には、三日から十四日ごろまで行事を続け、三日初寄り、以後準備、十三日吉兆練り、十四日トンドという順であったというが、今ではただ三日の朝だけ、吉兆練りと番内（鬼面のもの清め）の祓いを行うに留まっている。トンドはめいめいにする。

　これをみると、十三日に吉兆練りが行われ、トンドはめいめいにするという次第になっており、行事的にも左義長と吉兆神事とは同じ小正月の行事ではありながら関りは薄いのではないかと考えられます。さらに吉兆神事には火にまつわる行事部分が欠けている点が、吉兆神事の由来を左義長に求めるには説得力に欠けると思います。

　ちなみに、吉兆神事の由来を左義長に求める石塚説が次に掲げるものです[5]。

> 〔大社〕でも古くは種々の飾り物をした屋台舟を出し、その上で美々しく着飾った童児が舞うなどのことがあったらしいが、今ではただその飾り物の一部であった大幟を出して練りながら大社へ参るだけになっている。大幟は長さ二間ないし三間ぐらいのもので、「歳徳神」と大書し、縁を錦で飾り、上部に扇型をつけ、その上に鉾をとりつけたもので、これを「吉兆さん」と呼んでいるが、この言葉はもちろん「左義長」から起こったものである。こういうものを三日の朝、町内ごとに持ち出し、大社の神前で組み立て、一同神謡を捧げて帰る。この行列の先頭を鬼面の番内が祓って歩くが、番内は今では列から離れ、厄年の者のすることとして、勝手に歩き廻っている。

　これをみると、「〔大社〕でも古くは種々の飾り物をした屋台舟を出し、その上で美々しく着飾った童児が舞うなどのことがあったらしいが、」とあります。現在は行列を組んで歩くわけですが、昔は舟用の山車《だし》があったという話も伺いました。そのような船台の船を出して、「今ではただその飾り物の一部であった大幟を出して練りながら大社へ参るだけになっている。」とされています。

そして、「大幟は長さ二間ないし三間ぐらいのもので、「歳徳神」と大書し、縁を錦で飾り、上部に扇型をつけ、その上に鉾をとりつけたもので、これを「吉兆さん」と呼んでいるが、この言葉はもちろん「左義長」から起こったものである。」として、吉兆が左義長に由来するのだという説明になっています。しかし、先にも述べましたが何よりも、左義長には火の要素が欠かせない。この要素が吉兆神事には認められないから、吉兆神事の由来を左義長に求めることはできないのではないでしょうか。

三　吉兆神事のはじまりとその様態

「手銭家文書」に『御用留』という、様々な通達を綴った文書があり、その中に、寛政《かんせい》七（一七九五）年の『御用留』に、五、六十年来この神事を「大祭」と称して行なってきたことが記されています。寛政七年の『御用留』の五、六十年来ということであるから、享保《きょうほう》末（一七三六）頃から延享《えんきょう》年間（一七四四〜四七）頃までには吉兆神事が始まっていたということになります[6]。

吉兆神事そのものが年頭の予祝《よしゅく》儀礼の意義をもつ神事であり、その一年が良い年であるようにとお祝いをするものです。歳徳神という恵方を司る神様を呼んで、一年一年の幸せを祈るということになるわけです。また、「赤塚家文書」には天保《てんぽう》三（一八三二）年「千家尊之没、千家尊孫襲職」とあり、天保三年に千家尊之が亡くなり、千家尊孫が襲職されたことが記されています。この千家国造家の代替わりの行事として吉兆神事が行われたことが確認できます[7]。

現行の神事は三日の朝に行われて、両国造家に挨拶をした後に、大社の神前で吉兆幡を組み立てて、「神謡」を捧げるというのが一つのパターンとなっています。そしてその「神謡」として「新玉《あらたま》」が歌われると聞いています。次に「新玉」の歌詞を示します。

新玉の年の始めの　初夢に　くさなぎやまの楠木を
船に造りて今おろす　白金の柱おし立てて　黄金の
せみをふくませて　みなわ手縄は琴の糸　綾や錦を
帆にまいて　宝が島にのりこんで　思う宝を積受け
て　こなたの蔵へ納めおく　お祝

当該歌は白金、黄金、綾や錦そして宝が島など、文言のみならず、年の始めに宝が島へ乗り込み、これを持ち帰る初夢を見たという、予祝性の強い歌です。年の始めに、「くさなぎやま」の楠を船に仕立てて、白銀の柱を立てて、黄金の「せみ」（船に用いる滑車を指す）をふくませて、身縄や手縄は琴の糸のようで、綾や錦を帆にして、宝が島に乗り込んで、思う存分宝を取り込んで、蔵に収めるという「こんなことがあったら良いな」と思われるような歌の内容になっています。

四　神事の中断と再興

ここで吉兆神事の中断や再興について、みておこうと思います。ここまで、左義長が吉兆神事の由来になっているのではないかという説を一つ一つ点検しながら、考え直してきたわけですが、神事の中断や再興という点からも、吉兆神事を見てみたいと思います。

この神事の中断や再興に際しても、用いたものは「藤間家文書」の『左吉兆一件ニ付書類写』という嘉永《かえい》元（一八四八）年の史料です。これによると文化《ぶんか》五（一八〇八）年の正月に、吉兆神事に際し、喧嘩が起きた。おそらくこれは、各集落が通りを練っていて、それが鉢合わせした時、どちらが先に行くかとか、或いは大社の神前で幟を立てて神謡を唄うのですが、どこが一番早いかといった点が揉め事の原因になったのではないかと思われます。吉兆神事自体に喧嘩になるような要素があり、吉兆神事と喧嘩は切っても切り離せない一連の要素であったと言って良いと思います。

文化五（一八〇八）年の正月に、吉兆神事に際し、喧嘩が起きて、以来神事は長い中断の時期を迎えます。そして、天保三（一八三二）年に行われた千家国造家の代替わりの行事の祝義として、翌年の正月に吉兆神事を再興することになったと藤間家文書には書かれています。

そして、結局自分たちが吉兆幡を管理していると、好きな時に持ち出して、喧嘩をしてしまうから、大年寄がそれを預かることになるわけです。

「手銭家文書」『御用留』には文化四（一八〇七）年の正月に市場と越峠両村で喧嘩があり、以後両村の行事は中断したとあります。記録による年期の違いはあるものの要するに大きな喧嘩があって、どうしても吉兆神事は中断しようという話になり、同時に吉兆幡は大年寄に預けようという話になったのだろうと思われます。

そして、四十年ほどの中断の時期を経た弘化《こうか》五（一八四八）年、大年寄預かりとなっていた吉兆幡の持出しについて揉め事が起こります。中断となっていた吉兆神事ですが、正月が来る度毎に「吉兆さんをやろう」という声があがり、吉兆幡を出させてくれと大年寄に持ちかけるわけです。大年寄としては禁止になったものだからこれを出すことはできません。出す出さないという押し問答になるわけです。そのようなことがあったから、持出しそのものが禁止になりました。

「手銭家文書」『御用留』には天明《てんめい》五（一七八五）年と寛政六（一七九四）年にも喧嘩があったということが記されています。吉兆神事には喧嘩がつきものであり、そのことが原因で神事自体が中止されることがあることは先にも記しました。中止が長く続くと、普通神事は忘れ去られていきます。しかし、大社の地域の人々にとっては、十年とか二十年とか、吉兆幡の持出しが禁止されて、長く中断することになっても、毎年持ち出す持ち出さないというやり取りが行われるくらいに、忘れることができないのが吉兆神事でした。

文化五（一八〇八）年、喧嘩が原因で吉兆幡を持ち出すことが出来なくなった六ヶ村では次のようなことが言われるようになりました。『左吉兆一件ニ付書類写』の一節をみてみようと思います。

数年来、市中衰微仕り、わけて灘方は兎角不漁勝に付て追々困窮仕り候

吉兆神事が中断になって以来、「市中衰微」したとありますか。「わけて灘方」（海側の地域の人々）は「兎角不漁勝《がち》」となったことが記されています。大漁か不漁かというのは、その時の気象条件で左右されることもあるでしょうが、「兎角不漁勝」と言われるほど獲れなくなってしまったようです。「追々困窮仕り候」ともあるので、自分たちの生活が切迫してくるような状況になりました。これが数年来「市中衰微仕り」の具体的な状況として記されています。

つまり吉兆神事をやらなくなったので、市中は寂れていくし、特に漁師たちは不漁が続いて生活が苦しくなってきていると書かれているのです。本来吉兆神事と不漁は何の因果関係もありません。けれども大社の地域の人々は、心の中に、これが関係あるように結びついてしまうわけです。「最近不漁が続くね」「生活も大変になってきたね」「吉兆神事をしないからかな」という話

になってしまうのです。

これが行事を支えていく、忘れないという心情に結びついていくのだと思われます。同じ『左吉兆一件ニ付書類写』をみてみましょう（傍線は筆者による）。

元来、几帳と申し候物は、京都、奈良、杵築三ケ所の外は、日本国中何方にも御座なく候由。国造様においては、神祇道に闇き深源の訳もこれ有候哉の趣伝承罷り在り。

吉兆神事というものは、京都と奈良と杵築にしかないということで希少性の高い神事であるとあります。傍線部に示されていることは、神祇道《じんぎどう》まで持ち出して、吉兆神事に深い言われがあると説明をするわけです。自分たちが喧嘩をして行事が中断されてしまったけれど、その期間が長く続くと、生活が困窮してきたとか、吉兆さんをしなくなったから困るのだという話になり、さらに非常に珍しい行事であり、しかも神祇道に関するいわれがあるらしいというような理由をここで挙げて、吉兆神事を何とか復活させようとしていることがわかります。神事の希少性を説き、行事の再興を促しているのです。

ここで少し振り返っておきますと、吉兆神事というものは、元々非常に予祝性の高い歳徳神―その年の恵方を司る神様―を招いて、一年を予祝していく神事であると最初にまとめました。この予祝性の強い神事を行わなくなった。この行わなくなった時に、大社の人たちがどのような心持ちになるかという問題です。

先ほど記した通り「灘方は兎角不漁勝に付て追々困窮仕り候」などというような話になって、どうも最近は調子が良くない、「市中衰微仕」段々活気が失われていくということになります。実は、実際にそのような状況であるかどうかは問題ではなく、心の内からそのように思えてしまうような要素を吉兆神事が持っているということが重要です。

つまり、一年ごとの予祝行事を行って、自分たちは豊かな生活を手に入れていたという気持ちがあります。ところが、自分たちの喧嘩で中断となってしまいましたが、行われなくなってくると豊かであるという心のよりどころがなくなってくるわけです。一年ごとの予祝が行われないことに対して、やり残した感があるとか、物足りないというか、そのような気持ちがどうしても生まれてくるようになります。

吉兆神事を行わなくなったことで、市中が「衰微」したと考えてしまう。本来予祝性の高い神事であるから、行われなくなったことによって、何となく活気がなくなったとか、不漁になったとか、生活が困窮してきたなどという言葉で、窮状を訴えることになります。これが実は吉兆神事の吉兆神事らしいところではないかと私は考えています。

歳神様を迎えて、これを祝うという神事が無くなってしまったことで、何となく不吉なのです。そして特に、海方の漁師はより強くそれを感じてしまう。そのような人たちが吉兆神事を再興させたいと思うようになるわけです。そして結果的には神事を再興していくわけです。この辺りの心の持ちようとか、神事の在り方というものが、吉兆神事の本義的な部分を表しているのではないかと考えます。

吉兆神事は一年の幸いを祈るという予祝性の強い神事であり、同時にそれをやらなくなったことによって、負の心理的な影響を土地の人たちに与えることになるのです。

おわりに

道を行く囃子《はやし》の調子、辻々で詠われる神謡、吉兆神事に伴う神謡はその地区によって歌われる唄が違っているといわれています。集落ごとに特徴があったように思います。ただ、大社の御神前の前では「新玉」を唄う。大社の前で立てられる吉兆幡は、いずれをとっても大社町の正月を彩る風物詩です。

神事の由来は「歳徳神」を迎え祀る行事であったと考えられます。しかし、その様態は出雲大社や国造家との関わりを含め、大社地域独自のものへと変化していきます。

「大社」という地域は、いわゆる杵築大社と両国造家の存在が非常に大きい。年年歳歳の予祝を、自分たちの地域で行うのですが、杵築大社と両国造家にも行うわけです。これは行事が二重構造性を持つということになります。だから、京都や奈良で同じような事が行われていても、同じようにやっているかといえばそのようなことはないと思います。杵築大社の存在と国造家との関わりというものが、非常に大きい問題としてあるように思われます。この二つの要素の関係性が大社独自のものへと、その行事の様態も変化させていると考えます。

　また、吉兆神事が行われることで町は活性化する。そのような心持ちがその土地の人たちにはありました。そして、活性化し、繁栄していくと信じて伝えられてきたものを継承していくことが吉兆神事にとって最も大切なことであると考えています。

　ちかごろ全国的に有名な伝統的行事が、一瞬の間に無くなってしまうことが大きな出来事として取り上げられてます。後継者不足や、行事を行うことへの疑念、また、経済的な問題など、中止される要因は様々です。

　しかし、吉兆神事に関していうと、これをやらなければ町が衰微するとか生活が困窮するとか、このような気持ちを土地の人たちが持つことで、決して無くならない行事になっていったのではないかと思います。これをやらなかったら一年が始まらないような、そのような心持ちが江戸時代からこの吉兆神事にはあったのではないかと思われるのです。だからこそ、何十年もの中断の時期を経てもそのまま再興ができるのではないでしょうか。

　大社町の吉兆神事が、地域の行事として今後も継承されることを切に願う次第です。


【注】

1　吉兆神事は、全国的に類例のないものとして、昭和五十六（一九八一）年に島根県無形民俗文化財に指定されている。

2　品川知彦氏（「大社町の吉兆神事」『山陰民俗研究』十六、二〇一一・三）によれば、神名の違いは、各集落に祀られる社宇の祭礼に関わる幡であることによる。

3　千家和比古「吉兆・番内」倉林正次監修『祭礼事典・島根県』桜楓社、一九九一年。

4　石塚尊俊『神去来』慶友社、一九九五年。

5　注１に同じ。

6　品川氏の注２前掲論文にも一七三〇年代には歳徳神を祀る形式がはじまっていたことが指摘されている。

7　品川氏注２前掲論文にも国造家の「火継」と吉兆神事とのかかわりが指摘されており、証左となる。

大社の神謡《しんよう》・船謡《ふなうた》を朗詠《ろうえい》する【実演記録】

公益財団法人
いづも財団事務局

【事務局】

皆様お待たせいたしました。ここから大社町に伝わる神謡について考えてみたいと思います。私は、いづも財団の事務局を担当しております梶谷光弘と申します。よろしくお願いいたします。

さて、大社の吉北神事は江戸時代から行われていたことは間違いありませんが、今日の吉北さんで見られる番《ばん》内《ない》や猿田《さるた》彦命《ひこのみこと》、神謡がいつ頃から吉北神事に加わったかについては、まだよく判っていません。今日は、このような点も含めて、実演を通して考えてみたいと思います。

ここから後の司会進行は、馬庭孝司《たかし》様にお願いしてあります。馬庭様は、元大社史話会会長であり、現在は大社神謡保存会会長など多くの役職に就いておられます。ここから後は、馬庭様にバトンタッチしたいと思います。

司会進行の馬庭孝司様
（大社神謡保存会会長）

【司会】

ご紹介いただきました馬庭でございます。本日はこんなにも多くの皆様においでいただき、本当に有難うございました。ふつつか者ではございますが、司会、進行をつとめさせていただきます。どうぞよろしくお願いいたします。

さて、これからお聴きいただきます、大社町の海岸沿いの各地区に伝えられてきた祝い歌「船謡」と、吉北神事の際に謡われます「神謡」につきましては、お手元の資料（省略）に出演団体名、曲名に合わせて歌詞が掲載されていますので、ご覧になりながらお聴きください。

【出演団体名　曲名】

一　鷺浦《さぎうら》行事保存会　船謡「初夢」

二　宇龍区　船唄ながそ節「千代の春」、目出度い節「初春」

三　御碕区　船謡「正月」

四　上中村町内会　吉兆船謡「目出度」、「八雲立」、「鶴亀」

五　大社神謡保存会　「八雲立」、「新玉」

一　鷺浦行事保存会

【司会】

まずは鷺浦行事保存会の皆さんによる船謡「初夢」の朗詠です。

船謡はいわゆる民謡でして、地域の人たちの暮らしの中、とくに様々な民俗行事の中から自ずと生まれたと考えられますが、ご存知のように鷺浦は宇龍と共に江戸時代中頃から北前船《きたまえぶね》の寄港地として賑わった港町として有名です。

海が荒れたときの避難港でもありますので、船謡は、風待ちで何日も滞在した日本海沿岸各地の船頭から伝えられたという説もありますが、詳しいことはまだわかっていません。

いずれにしても鷺浦には九曲の船謡が伝えられていまして、年中行事や婚礼などお祝い事があると、その場にふさわしい曲が謡われています。

そうした中で、鷺浦には、正月二日の日没後に行われる「シャギリ」と呼ばれる行事があります。これは十数人の若い男衆が様々な面と衣装を身にまとって、笛、太鼓、謡いのシャギリ囃子《ばやし》に合わせて舞いながら街の中を進む行事で、その折にこの「初夢」が謡われます。

なお、船謡は独吟《どくぎん》と言いまして、まず謡に長けた年長の方が一人で謡い、続いて伴吟《ばんぎん》と言って全員が謡うよう

鷺浦地区遠景

鷺浦のシャギリ

になっていまして、この度の独吟は藤井藤蔵さんです。

1　鷺浦行事保存会の組織
会　長　藤井健蔵
船謡名　「初夢」
独吟者　藤井藤蔵
伴吟者　藤井健蔵、高橋　博、加地祐悦、加地　博、
　　　　安達辰郎、飯島節三

2　朗詠した船謡
船謡「初夢」

前謡
（独吟）
めーでーたいのおお　のーおおえー
そうれーえ　わーああかー
（伴吟）
枝もー栄えーるーうう
のーおおえ　はあーあーもー

初夢
（独吟）
やー年改まる初夢に
（伴吟）
えんきさらぎ山の楠の木を船に
造りて今おろし
えん白銀の柱を押し立て
えん黄金のせびをくくませ
身縄手縄を琴の糸
綾や錦を帆にかけて
えん宝が島へ乗り込んで
数の宝を積みうけて

鷺浦行事保存会の皆様による船謡の朗詠
独吟は、藤井藤蔵氏

えんそなたの蔵へ収め置く　祝へ
（独吟）
後謡　おーめでたいぞーのーおよーおわーか
（伴吟）
やあ枝もおーやーあー
栄えーるーう
葉ーもーしー茂るー

二　宇龍区

【司会】

只今謡っていただいた鷺浦の「初夢」は、続いて謡っていただく宇龍地区では同じような歌詞で「目出度い節」と呼ばれ、御碕では「船祝」、杵築では「新玉《あらたま》」という曲名でそれぞれ少し違った歌詞で謡われています。目出度い節の「初夢」の歌詞と、大社神謡「新玉」の歌詞を比較してご覧になりますと、その違いがお分かりになると思います。

　宇龍の「目出度い節」も歌詞がかなり違っておりまして、続いて謡っていただくとその違いがよくわかって面白いと思います。

和布刈神事

御渡海神事

　しかし、宇龍には、数え方にもよりますが、二〇近いたくさんの船謡がございまして、婚礼や家の普請、寿祝いなど様々なお祝いの席で謡われています。
　ここでは先日二十日、旧暦の一月五日に宇龍港・権現《ごんげん》島《じま》の熊野神社で行われました「和布刈《めかり》神事」の中の「御《ご》渡海《とかい》神事」で謡われる船謡を謡っていただくことになりました。
「御渡海神事」は神官をはじめ「和布刈神事」に奉仕する人々を乗せて港の岸と権現島を往復する神事で、五七～五八ページにありますように行きに「ながそ節、千代の春」、帰りに「目出度い節、初春」が謡われます。
　独吟は行きが岡義隆さん、帰りが錦織英司さんです。

1　宇龍区の組織

区　長　福間文雄
船謡名　ながそ節「千代の春」、目出度い節「初春」
独吟者　岡　義隆（ながそ節「千代の春」）
　　　　錦織英司（目出度い節「初夢」）
伴吟者　目井敏正、山根光夫、福間文雄、安喰久重、
　　　　阿部徳男、小村敏行

2　朗詠した船謡（和布刈神事の船謡）

①　ながそ節「千代の春」往路《ゆき》の歌

前歌　（独吟）
やーらめでたいな　うれしい　ホイ
おめでたいの　若さハ
（伴吟）
やー枝も　栄える　葉も繁る
（独吟）
本歌　エーン　千代の春
祝う御船に　お乗り初め
飾りたてたる　松と竹
鶴と亀との　齢にて
幸い心に　まかせけりイ　イ帆御座

（伴吟）
御座船に　召せば目出度い　御威勢の
日々にまさるる　豊《とよ》て　ホイ
その名は　高砂の　ホイ
尾上の　松の緑も
色増しぬ　ホイ
枝も栄える　サンヨエー

宇龍区の皆様による船謡の朗詠
独吟は、岡義隆氏

この葉も　繁る　えー

②　目出度い節「初夢」帰路《かえり》の歌

本歌
（独吟）
初春の　雪緋縅しの　着背長に
エン　子桜縅しと　なりにける
エン　さてまた
（伴吟）
夏は卯の花よ
エン　かきでの水に　洗い革
秋は南天　その色は
（独吟）
いつも戦に　勝ちいろて
（伴吟）
エン　紅葉にまさる　錦革
冬は雪色に　空晴るる
エン　兜の星も　菊の座（ン）
エン　花やかにこそ　うれしけれ
思う仇を　打ちとり手
エン　わが名は高き　あげまきの
エン　剣は箱に　納め置く
弓矢袋を　出ださずと
エン　富貴の御代と
なりにける　やよへ

後歌
（独吟）
めでたいの　エンソホーレ　若ハ
（伴吟）
枝も栄える　葉もえー

三　御碕区

【司会】

続いて御碕地区の皆さんに謡っていただきます。日御碕神社のおひざ元、御碕地区には五曲の船謡がありますが、ここでは正月三日、恵比須、大黒、天狗など五人の先払いやシャギリ衣装を身にまとった人たちを中心に日御碕神社の拝殿前に吉兆のぼりを立てて謡われる祝い唄「正月」を披露していただきます。歌詞は五九ページにありますのでご覧ください。独吟は高木豊さんです。

日御碕神社遠景　出雲観光協会提供

御碕区吉兆さん
日御碕コミュニティセンター提供

1　御碕区の組織

区　長　九矢一男
船謡名　御碕区船謡（祝い唄「正月」）
独吟者　高木　豊
伴吟者　九矢一男、齋藤友義、石飛新一、永見新吉、
　　　　高木佳久、春日英雄、安田善二、安田　博、
　　　　齋藤　実、

2　朗詠した船謡

祝い唄「正月」

（独吟）
目出度いな　祝へ　目出度いの若
（伴吟）
ヤー枝も　栄へる　葉も茂る
（独吟）
しめ縄の祝　ながかれ　一五三
（伴吟）
エーン　うらじろ　こそでは
孫にゆずり葉の　イワエー
（独吟）
まず今日のお祝いに　鶴亀に松と竹
（伴吟）
千歳も萬歳も
エーン　さてそのほかは限りない
エーン　代々世を　ゆずり葉の
しめを　飾りて　おもかざり
エーン　くもらの先の面影に
エンヤヨーエンヨホー　イワエー
（独吟）
メデタイノ　エンソレワカ
（伴吟）
枝も　栄える　葉も

御碕区の皆様による船謡の朗詠
独吟は、高木豊氏

四　上中村町内会

【司会】

続きまして上中村町内会の皆さんです。

現在、吉兆神事は明治維新まで出雲大社の神領であった杵築の一二団体と、修理免地区の二団体、御崎地区の一団体、合わせて一五の団体によって行われていますが、船謡の伝承にもっとも熱心に取り組まれているのが、上中村町内会の皆さんです。

この会場にお入りになる前にロビーに船謡の歌詞とその謡い方を記した大きな紙が掲示されているのをご覧になったと思いますが、あれは町内会長の水師幸夫さんが中村公会堂に掲示されているものを持ってきていただいたもので、皆さんこの紙を見ながら練習に励んでいらっしゃいます。

上中村には八曲の船謡が伝えられていますが、その中から中村の吉兆神事で吉兆幡を立てたときに謡われる「目出度《めでた》」、「八雲立」と、祝い事の席で謡われる「鶴亀」を謡っていただきます。独吟は江角卓一郎さんです。

1　上中村町内の組織

会　長　水師幸夫
副会長　椿　正治、荒木　豊
船謡名　吉兆船謡「目出度」、「八雲立」、「鶴亀」
独吟者　江角卓一郎
伴吟者　水師幸夫、椿　正治、荒木　豊、板垣健一、
　　　　曽田静雄、曽田直知、荒木幸夫、加藤美夫、

園山　治、林　和夫、林　勇市、曽田　稔、水師一成、佐野　耕、表森田俊尋、吾郷嘉孝、水師敬治、水師潤一、影山仁志、水師敏哉、水師　伸、下藤弘道、林　牧夫、江角一成、栂野圭吾

掲示された上中村公会堂の吉兆の歌詞
（うらら館ロビーにて）

2　朗詠した船謡・神謡

①　目出度

（独吟）

ヤーラー　目出度ノオーエー　それ若

（伴吟）

枝もエー　栄えるノオエー　葉もエー

②　八雲立

（独吟）

八雲立つ　山は鶴山亀山の

（伴吟）

間《あい》を流るる能野《よしの》川　エー素鵞《そが》川のオー

流るる水を汲《く》み受けてアー　神酒《みき》に造りし

諸白《もろはく》をエー　神明《しんめい》に捧《ささ》げ奉《たてまつ》りアー

それを人々頂けば　エー齢《よわい》をのばすためしかや

御祝《おいわい》

③　鶴亀

（独吟）

あなたの御殿を（又は、「これの御家を」）見渡せば

（伴吟）

アー鶴と亀とが舞い遊ぶ
アー鶴は千年亀は萬年の　御祝

上中村町内会の皆様による神謡・船謡の朗詠
独吟は、江角卓一郎氏

五　大社神謡保存会

【司会】

続きまして大社神謡保存会の皆さんです。

先ほどお話しましたように、現在、吉兆神事は明治維新まで出雲大社の神領であった杵築の一二団体と、修理免地区の二団体、御碕地区の一団体、合わせて一五の団体によって行われています。

全ての団体が吉兆幡を立てたときに、それぞれの地域に伝えられた船謡を謡うわけですが、地域の氏神様や出

出雲大社本殿前の立兆に合わせて神謡を朗詠する

雲大社など、神社の前で謡うときには、神様に捧げる謡として「神謡」と呼ばれています。

その神謡ですが、現在、御碕区では先ほど披露いただきました「正月」が謡われますが、それ以外の地域では、「八雲立」と、「新玉」が謡われています。

しかし、各町内によってその歌詞と謡い方が少し違っていまして、たとえば「八雲立」の歌詞ですが、六一ページの「八雲立」と比べてみてください。六一ページの「八雲立」（伴吟）二行目の中頃、「素鵞川の流るる水を汲み受けて」とあるところを、今度は六四ページの「八雲立」の中ほどを見ていただくと「素鵞川の流れのその水を」となっています。

なにぶん船謡は文字や楽譜によるものではなく、あくまで口から耳へと謡い伝えられたものですから、人により土地柄によって次第に変化していきます。

実はこの「八雲立」の歌詞は、江戸時代終わりごろの天保年間の出雲大社の神官で学者でもあった中村守臣《もりおみ》がつくったと伝えられていますが、作者がはっきりしているのに一部歌詞が違うということが起こっているわけです。

そこで、昭和三（一九二八）年という今から九〇年も前の話になりますが、広島にＮＨＫ広島中央放送局が設けられることになりました。そこで、記念放送に「島根の夕べ」という番組が企画され、島根県の民謡が紹介されることになりました。そこで「安来節」、「関の五本松」、「隠岐のドッサリ節」が決まり、大社からも何か出してほしいという要望が来たそうです。

そこで役場、商工会、旅館組合の皆さんが協議され、吉兆さんで謡われる歌を出すことが決まり、当時「八雲立」の歌い手として知られていた大社町の大鳥居町内の児玉良平さんに依頼がございました。

しかし、当時各町内で謡われている「八雲立」は歌詞も節もかなり違っており、児玉さんの「八雲立」を大社の民謡として放送することには問題ありという人がいて、たいへんモメたようです。

これがきっかけとなって、経過については時間がありませんので省略させていただきますが、児玉さんがたいへん苦労をなさって標準的な「八雲立」の歌詞と節をまとめられ、それを同じ大鳥居町内の今舞台中央に立っていらっしゃいます大国知正さんが「大社神謡保存会」を組織して受け継ぎ、今日に至っています。

では早速「八雲立」と「新玉」を謡っていただきま

す。独吟は大国知正さんと嘉藤京市さんです。どうぞ。

1　大社神謡保存会の組織

会　長　馬庭孝司
世話人　中尾克行
代表者　大国知正
神謡名　「八雲立」、「新玉」
独吟者　大国知正（「八雲立」）
　　　　嘉藤京市（「新玉」）
伴吟者　杉谷寿之、神門貞良、中尾克行、永見純一郎、
　　　　入江紀久男、大国浩志、津戸弘光、田中　勝、
　　　　山﨑憲一、須佐和夫

2　朗詠した神謡

①　八雲立

（独吟）
目出度　エエエのオエ
（伴吟）
それ若　枝も栄えるのオエ
（独吟）
葉もエー　八雲立つ　山は鶴山
（伴吟）
亀山の間《あい》を流るる吉野川
エー素鵞《そが》川の流れのその水を
神酒《みき》に造りし諸白を
神明《しんめい》に捧《ささ》げ奉《たてまつ》り
それを人々頂けば
エー齢《よわい》をのばすためしかや
御祝《おいわい》

②　新玉

（独吟）
目出度エエエのオエ
それ若　枝も栄えるのオエ
葉もエー
（伴吟）
新玉の年の始めの　初夢に
ハアエーくさなぎ山の楠木を
船に造りて今おろす
エー白金の柱おし立て
ハアエー黄金のせみをふくませて
みなわ手縄は琴の糸

（独吟）（伴吟）
綾や　錦を帆にまいて
ハアエー宝が島へのり込んで
思う宝を積受けて
エーこなたの蔵へ収めおく　御祝

大社神謡保存会の皆様による神謡の朗詠
独吟は、大国知正氏

【司会】

大社神謡保存会の皆さんでした。どうも有難うございました。

以上で予定しておりました大社町に伝わる祝い謡の朗詠を終わりますが、今日は会場に先ほどの「八雲立」が謡える方がたくさんお出でになっていますので、最後に会場の皆様全員で「八雲立」を謡ってお聞きにさせて頂

「八雲立」を出演者と受講者で全体朗詠

全体朗詠で独吟の嘉藤京市氏
（大社神謡保存会）

きたいと思います。

【司会】
どうも有難うございました。
なお、大社神謡保存会では毎月第二、第四金曜日に大社コミュニティーセンターで練習会を開催しています。どうかご参加いただいて大社神謡を覚えていただくようご案内申しあげます。

吉兆神事の継承【特別寄稿】

馬庭孝司

まにわ・たかし
昭和十二（一九三七）年、島根県に生まれる。大阪府立大学工学部卒業。元大社町議会議員。前大社史話会会長。大社神謡保存会会長。
【編著書・論文等】
『出雲大社北島国造館と真名井社家通りご案内』（出雲教）、「出雲大社青銅の華表を読む」（『大社の史話』第一六二号）、『出雲国大社観光史』（大社史話会）

はじめに

少子高齢化が進んでいる現在、全国的に伝統文化の継承が危ぶまれていますが、吉兆神事も例外ではありません。大正から昭和にかけての大社町の地区別人口動態は図1のようになっており、杵築《きづき》地区の人口を見ますと、大正九年から昭和二十年の終戦の年まで九〇〇〇人弱で

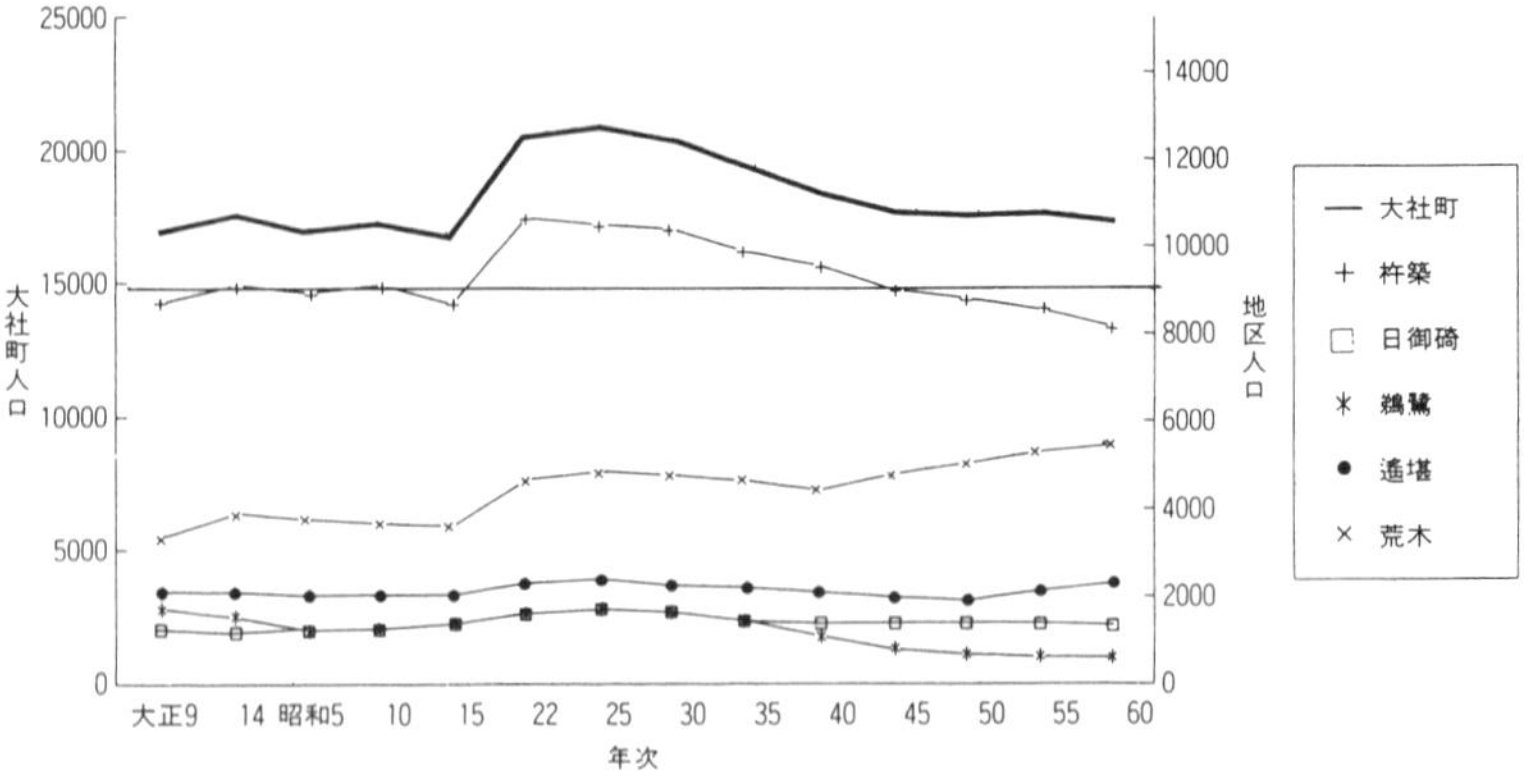

図1　大社町（地区別）の人口動態（『大社町史』上巻より）

推移しています。直後の二十二年に急増しましたが、二十五年をピークに減少が始まり、日本の高度経済成長期に多くの若い人たちが都会へ転出したためか昭和五十年頃には戦前のレベルまで少なくなっています。出生率の低下もあってその後も減少が続き、平成三十一年二月末現在の杵築地区の人口は五三四六人と戦前の約六〇％になっており、今後も減っていくことが予想されています。

　吉兆神事を催行するにあたっては表1に示しますように最小限約五〇名の人員が必要です。各町内とも笛や小太鼓はできるだけ女性や子どもたち担当してもらい、都会へ出ている出身者に応援を求め、親戚に頼むなど、できるだけ多くの人に参加してもらえるよう知恵を絞っています。神謡を謡える人やお囃子のできる人も増やさなくてはなりません。また、こうした吉兆さんのいわばソフトウェアと同時に、ハードウェアとしての幡をはじめ諸道具の維持管理も重要な課題です。

表1　吉兆神事行列体制

担　当	人数
先導	1
番内又は猿田彦	1
年番町内会長	1
大太鼓引き方	4
大太鼓打ち方	2
小太鼓	4
笛方	4
台担ぎ方	12
剣持ち	1
扇持ち	1
幡担ぎ方	12
交通係	3
計	46

上記は催行可能最小人数

　ここではまず吉兆神事の現況をご紹介し、次にハード面継承の事例として西御領分の吉兆さんについて述べ、続いてソフト面継承の事例として大社町吉兆神事保存会連絡協議会と大社神謡保存会を中心に進められている小中学生への神謡指導と、大社中学校生徒による吉兆さんについて述べさせていただきたいと思います。かけがえのない郷土の伝統行事への理解を深めていただき、その発展的継承を図るための資料としてご活用いただけば幸いです。

一　吉兆神事の現況

　大社町の吉兆さんは現在表2の一五流があり、例年正月三日早朝からお昼過ぎにかけ、各地区の保存会や保存推進協議会によって吉兆神事がとり行われています。

　吉兆神事は、各地区で氏神さまをお祀りした神社で吉兆幡を立て神謡を奉唱し、氏神さまと歳徳神に吉兆さんに鎮まっていただくことから始まり、行列を組み吉兆囃子を奏しながら出雲大社に向かいます。八脚門《やつあしもん》前に至っ

表２　各団体の吉兆行事実施状況一覧（平成28年２月現在　中尾克行氏まとめ）

大字	地区名	構成	実施	町内名
杵築東	北御領分	真名井	毎年実施	真名井
	西御領分	６町内会４組	年番４年に１回で毎年実施	御宮通り・宮内・富屋町・宮西町・山根通り・稲佐
	大鳥居町	大鳥居	毎年実施	大鳥居
	越峠町	５町内会３組	年番３年に１回で毎年実施	東立小路・鍛治町・四ツ角・元町・中町
杵築南	馬場区	14町内会６組	年番６年に１回で毎年実施	馬場東・東中・北・中・西中・西・神門前・西・中学校前・小学校前・神門中・南・昭和町・朝日町
	下原区	正門西（子供）	毎年実施	正門西
	市場町	13町内会３組	年番３年に１回で毎年実施	市場北・中・南・東・四本松北・中・東・南・本町・坪ノ内・横町・上玄光院・下玄光院
	南本通	南本通（子供）	３年ごとに実施	南本通
杵築北	仮の宮	７町内会４組	年番町内で隔年実施	仮の宮一区南・一区北・二区・三区・四区・五区・六区
	中村	５町内会	上中村町内で毎年実施	上中村・中村・新町・東新町・西立小路（道路北側）
杵築西	大土地町	３町内会	年番３年に１回で毎年実施	上大土地・下大土地・永徳寺坂
	赤塚村	９町内会６組	年番６年に１回で毎年実施	赤塚一区・二区・三区・四区・住吉町・小土地一南・一北・二区・三区
修理免	修理免	本郷東・本郷西	毎年実施	本郷東・本郷西
	原中	原町・西原	年番２年に１回で毎年実施	原町・西原
日御碕		４町内会	毎年実施	恵比寿・宮前一・宮前二・灯台

註：町内名にアンダーラインのある町内は、共同して年番を引き受けることを示す

て吉兆幡を立て神謡を謡って奉納し、続いて千家、北島両国造家へ立兆したあと町内を巡行します。最後に氏神社前で神謡によって神様に昇神いただき、片づけて直会というのが各地区にほぼ共通した神事のかたちです。

しかし、吉兆幡の仕様、飾り付け、お囃子、神謡など細部を見ると各町内によって少しずつ異なっています。

こうした違いが生じているのは、各地区の吉兆神事にそれぞれ固有の歴史と伝統があり、これが大切に受け継がれてきたことによるものと考えられます。

山崎裕二さんは『出雲国大社観光史』（大社史話会、二〇一四年）で、吉兆神事が始まったと言われている江戸中期以降の杵築の町は、宮内《みやうち》村・越峠《こえど》村・中村《なかむら》・市場《いちば》村・大土地《おおどち》村・仮宮《かりのみや》村・修理免《しゅりめん》村の八村から成り立っており、その発展は大きく三つの区域に分けて考えることができると述べられています（図２）。

まず、第一の区域は出雲大社を中心とする宮内村です。現在の宮内・直名井《まない》・奥谷《おくだに》が該当するこの区域には、千家、北島両国造家があり、多くの出雲大社の上官や被官などが住んでいて杵築の中でも最も宗教的な雰囲気が漂う区域でした。この地区には西御領分と北御領分の吉兆さんがあります。

第二は、越峠村・中村・市場村・大土地村・仮宮村・赤塚村の「杵築六ケ村」と呼ばれていた区域です。この区域は戦国時代以降、杵築の中核をなす地域で、杵築大社の被官をはじめ宿屋・酒屋・米屋などの商人、職人、農民、海岸沿いには漁民などさまざまな職業の人たちが暮らしていました。特に越峠村・市場村は商業の中心地でしたが、これは南本通りから市場通り、四つ角を経て宮内や勢溜《せいだまり》に向かう杵築大社への参詣道が通っていたためと考えられています。総じて杵築六ケ村は宗教的機能と商業的機能が併存する区域でした。

この地域には各村にそれぞれ吉兆さんが伝えられていますが、中村には現在他の地区でも謡われている神謡「八雲立《やくもたつ》」と「新玉《あらたま》」のほかに、船謡として「御祝」、「出雲八重垣」、「鶴亀」、「島巡り」、「三剣山《みつるぎやま》」の五曲があり、今も謡い継がれています。また仮の宮にも今は謡われていませんが、船謡「天竺《てんじく》」、「島巡り」の二曲が伝えられています。なお、南本通りの吉兆さんは下原区と同様に幡が小さく、子ども吉兆用として後につくられたようです。

第三の地域は修理免村で、現在の大鳥居から馬場、神光寺橋を渡って原町から上原、弥山山麓の本郷にかけて

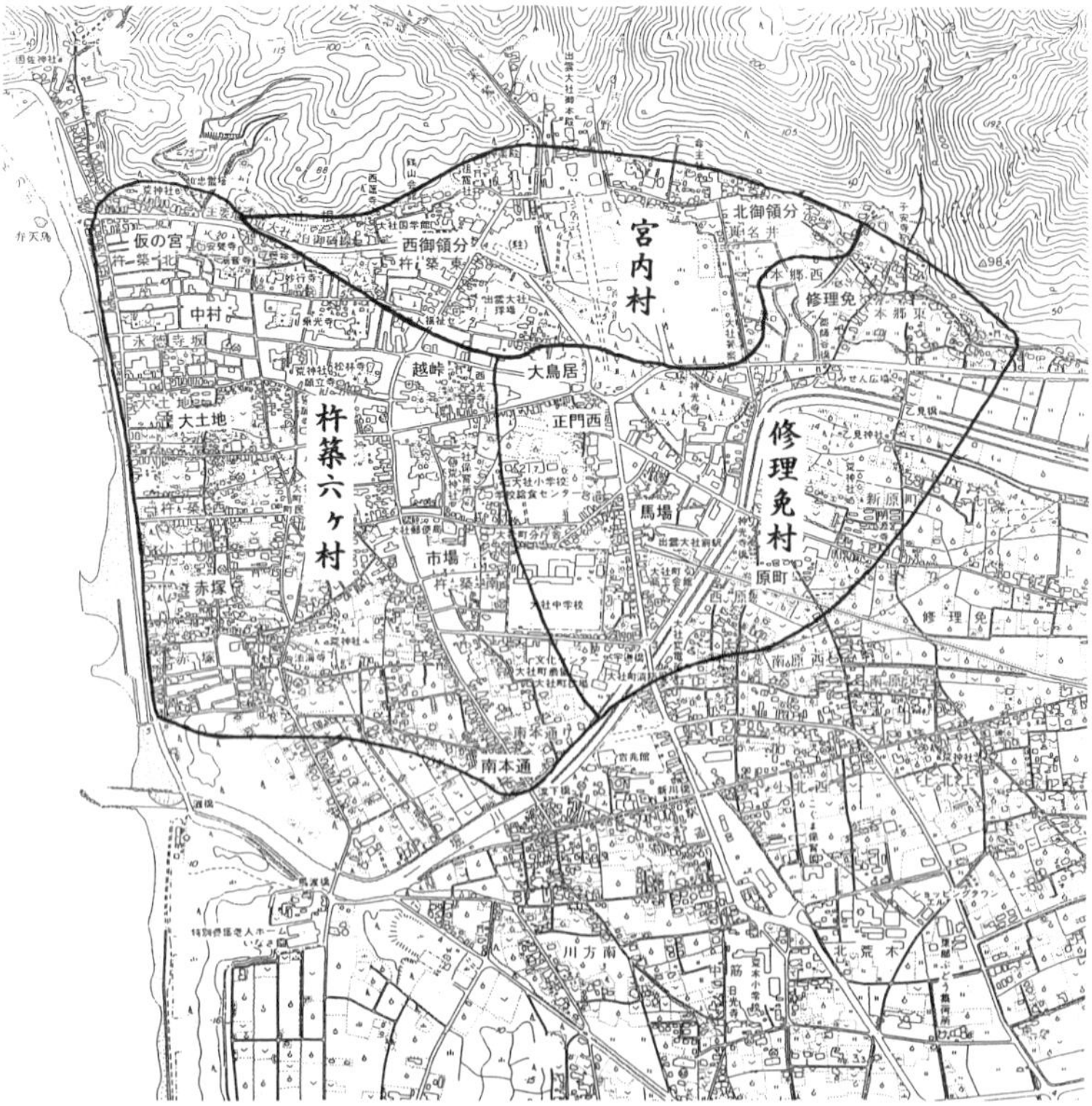

図2　杵築及び修理免の吉兆を奉納する区域

の地域です。この区域は中世から近世初期までは矢野村で、砂地や湿地が拡がる荒地でしたが、三木与兵衛等による菱根池干拓や堀川の開削などによって造成され、杵築六ヶ村より遅く一八世紀半ばから杵築大社への参詣客が増えるに伴って発展しました。

そういう意味で修理免村は観光遊楽的機能をもつ地域で、そのせいか大鳥居町や馬場区で謡われている神謡「八雲立」と「新玉」の聴く耳になじみやすい節回しは、中村のいかにも船謡らしい素朴な節回しとはやや異なっており、共に末永く後世に伝えていただきたいと思います。

なお、県指定の文化財となっている二七本の吉兆幡のうち奉納年代のわかる幡でもっとも古いのは越峠町の「三寶大荒神」で享和三（一八〇三）年ですが、修理免では大鳥居町の「歳徳大荒神」が安政四（一八五七）年、原中の「歳徳神」が慶応元（一八六五）年となっています。

二　西御領分における吉兆神事の継承

　西御領分の吉兆幡は、嘉永六（一八五三）年に作られたと伝えられる幡が使用に耐えなくなったことから平成十（一九九八）年に新しく作り直されました。このときの吉兆幡新調の経緯を、当時西御領分吉兆神事連絡協議会会長を務められていた西橋建忠さんが『大社の史話』第一二一号（平成十一年十二月）に「西御領分吉兆様新調の顛末」と題して投稿されています。ここではこの西橋さんの記事をご紹介しながら西御領分における吉兆神事の継承について述べたいと思います。

１．西御領分の吉兆さん

　西御領分の吉兆さんは、宮内・御宮通《おみやどおり》・富屋《とみや》町・宮西町・山根・稲佐《いなさ》の六町内で継承され、各町内が持ち回りで当屋となって正月の神事が行われています。西御領分の西は千家国造家を意味していますが、これは千家国造館が出雲大社の西に位置し、通称西様とか西御殿と呼ばれてきていることによるものです。このことから、西御領分の吉兆さんは特に「支配家の吉兆さん」として、北島国造家（北御殿）のある真名井の北御領分の吉兆さんと共に別格の扱いがなされ、他の吉兆さんは途中で出会うと道をあけて通したと伝えられています。

　その縁起や由来などの記録は今のところ見つかっておらず、詳しくはわかりませんが、吉兆さんと共に西橋家に保管されていた古い小太鼓の胴に「嘉永六年（ペリーが来航した一八五三年）癸丑《きちゅう》正月拵 西支配家」とあり、その頃かあるいはそれ以前に作られたものであろうと推測されています。西橋家は古くは北越峠と呼ばれていた御宮通にあり、定かではありませんが八代忠貫〔天保二（一八三一）年〕の頃から西御領分の吉兆さんを預かってこられ、慶應三（一八六七）年頃に作られたと推定される「稲荷大明神」の掛軸も所蔵されています。

２．吉兆幡の新調

　そうした中で、御宮通町内が当屋となって西御領分の吉兆神事が行われた平成七（一九九五）年、西橋さんは翌年の当屋、宮内町内会会長の中雄将さんへの引継ぎにあたって、早急に対処すべき事項として次の四項目を申し送りされました。

①吉兆幡の損傷がひどく、その新調が緊要

②飾り台の幔幕《さんまく》は使用不能につき新調の要
③褻及び小太鼓の皮の張替えが必要
④少子化・高齢化に伴う神事の維持と伝承

これを受けられた中さんは平成八年八月、西御領分六町内の代表者に集まってもらってこれらの事案を協議され、十二月に褻の皮の両面張替え、小太鼓二個の新調、飾り台の幔幕新調という②と③の課題を一気に解決されました。しかし①の吉兆幡の新調は容易にできることではありません。

その後も西御領分六町内の代表者によって協議が続けられ、平成十年、西御領分吉兆神事連絡協議会が結成されて本格的にこの課題に取り組まれることになりました。会長に推挙された西橋さんが中心となって準備が始められ、先ず直近の平成九年に修復された中村の吉兆さんについて、事業の中心となって活躍された上中村の中筋知巳さんからアドバイスをいただかれました。

ともかく専門業者に実物を見てもらって直接相談することが一番だということから、中筋さんに同行を願って吉兆さんを抱えて京都へ向かい、西陣の金襴のトップメーカーとして知られている伴戸《ばんど》商店を訪ねられました。由緒ある吉兆さんとして、原寸通りの寸法・材料・技法で復元することを目指して見積もりが依頼され、誠意ある価格が提示されてこれを受け、本格的に事業が始まりました。

修復事業を行うには資金と技術という二つの課題をクリアしなくてはなりません。資金面につきましては西橋さんによれば〝とにかく私たちの手で全ての経費を賄うという覚悟〟で始められたところ、色々ご苦労はありましたが多くの人たちが協賛され、当初予定されていた目標額を超える浄財が集まりました。

3．五匹のねずみの復元

技術面でもさまざまな問題がありましたが、ここでは一つだけ幡のねずみの刺繍の復元について紹介させていただきたいと思います。

西御領分の幡をよく見ますと、分かりにくいですが左右の両側面に五つの小槌と五匹のねずみの刺繍がありま す。小槌の方は房がほとんどなくなっているものもありますがその形はほぼ残っているのに対し、ねずみは皆それぞれに向きや姿勢が違い、半分くらい欠けたねずみや、なくなってしまったねずみも一匹います。糸の跡などから小槌と四匹のねずみは推測によって復元されたのですが、欠けた一匹の姿はわかりません。困っていたところ、大阪の国立民族学博物館（民博《みんぱく》）に西御領分の吉兆さんの二分の一のモデルが展示されていることが分かりました。早速伴戸商店の係の方に見てもらい、この幡に刺繍されていたねずみに倣って復元することができました（写真1、2）。

　この民博の吉兆さんについて、馬庭建築設計事務所の馬庭稔さんから次のような話を伺いました。

　民博は、文化人類学、民族学に関する調査研究を行うと共に、民族資料の収集・公開などの活動を行っている博物館で、昭和四十九（一九七四）年に創設され、同五十二年に開館されました。その日本文化展示場の「祭りと芸能」セクションに、島根県を代表する民族資料として西御領分の吉兆さんの二分の一モデルが「歳神祭の吉兆：一九七八年製作」の説明板を付けて展示されています。

写真１　嘉永六年製幡

写真２　平成十年製幡

　その経緯ですが、昭和五十年頃、民博から大社町教育委員会に提供の依頼があり、同会から大鳥居町内の馬庭稔さんに制作の相談がありました。恐らく父君の辰政さんが呉服店を営まれていて織物に詳しく、設計事務所の本社が京都にあったことによると思われますが、馬庭さんはこれを快く受けられ、京都の旗や幟などの老舗平岡旗製造㈱に制作を依頼されました。

　京都のものづくりは分業制です。吉兆幡をつくる場合、依頼を受けた業者が現品を詳細に調べ、予算などに応じて最適な工房や職人さんを選んで制作を進めるシステムになっています。民博に展示するのであれば、伝統のある西御領分の吉兆幡をモデルにすることが望ましいと考えられた馬庭さんはこれを借り受け、業者によって詳細な調査が行われましたが、そのときこの欠けたねずみが問題になりました。動物の刺繍でとくに重要なのはその眼で、当時動物の眼を生きているかのように仕上げることのできる職人は平岡旗製造の調べでは金沢にしかおられず、ねずみの部分はそこに送って刺繍してもらったということです。そして民博開館翌年の昭和五十三年、完成した吉兆幡は馬庭呉服店から寄贈されました。

4．吉兆神事の継承

かくして四月の着手から七か月後の平成十年十二月二十日、出雲大社神楽殿で盛大な完成記念式典が行われ、事業は満願成就となりました。西橋さんは「西御領分吉兆様新調の顛末」を次のような文で締めくくられています。

〝かくして今、四つの課題のうちの、三つをクリア致しました。そしてあと、残されたもう一つの課題こそ、私たちの最終の悲願とするところであります。それは、神都大社の誇るべき、吉兆神事の末代に至る継承であります。私たちは吉兆様新調を機に、この最終の課題に向けて、改めて決意を新たに致しているところでございます。〟

三　大社小学校、中学校における吉兆さん

最初に述べましたように、減少の一途をたどって戦前の六割にまで減ってしまった杵築の人口では、一つの町内で年番の当屋を受けることが困難になり、冒頭の表2に示しましたように複数の町内が協力して吉兆神事を行うケースが増えています。例えば西御領分の場合、宮内・御宮通・富屋町・宮西町・山根・稲佐の六町内がありますが、平成十五年の富屋町が年番のとき、翌年年番の宮西町から西御領分吉兆神事連絡協議会に相談があり、富屋町と宮西町が合同して吉兆さんの当屋を受けることになりました。また平成十八年からは、宮内と御宮通が一緒になって吉兆さんを出しており、以前は六年に一回だった年番の当屋が四年に一回となっています。

このように、吉兆神事を行うための人手はなんとかやり繰りされていますが、吉兆さんを続けていく上で難しいのが神謡を謡い継ぐことです。お囃子は鼕、小太鼓ともにリズムがはっきりしており、笛もこれに合わせた短いメロディーの繰り返しですので、その気になって練習すれば覚えるのにさほど時間はかかりません。ところが

神謡はいわゆる民謡ですので、学校で習う西洋音楽とは声の出し方から異なっており、伴奏なしで謡いますので身体で覚えるしかなく、時間がかかります。伝統芸能はいずれもそうですが、上手い方に直接、しかも繰り返し何度も教えていただいて基本を身に着け、あとは自分で工夫して上達するしか方法がありません。ですから、物覚えのよい子どものときから習うのがよいとされ、小中学生に神謡を教えることは大社神謡保存会の大切な活動のひとつになっています。

以下に大社町吉兆行事保存会連絡協議会と大社神謡保存を中心に進められている小中学生への神謡指導と大社中学校生徒による吉兆さんについて述べたいと思います。

１．大社幼稚園の吉兆さん

お正月の吉日、可愛い番内を先頭に出雲大社へ吉兆さんを奉納する大社幼稚園園児たちの行列は、新春のほほえましい風景として例年新聞などに報道されますのでご存知の方が多いと思います（写真３）。

始められたのは平成十三（二〇〇一）年で、当時の奈良井律子園長が「ご縁を大切にする『ふるさと大社』が

写真３　参道を行く大社幼稚園の吉兆さん
（提供：大社幼稚園）

好きな園児を育む」という園の教育方針に副って行われたものです。吉兆幡は保護者会の野津トモ子さん（小土地）から赤塚の糸賀龍夫さんに依頼があって作られました。糸賀さんの吉兆幡は、ご縁がありますようにとの願いを込め、歳徳神の文字を五円玉で綴った高さ二メートルほどのもので、大社郵便局やいなさ園などにも寄贈されていますのでご覧になった方もいらっしゃるのではないでしょうか。

今年で一八年、幼稚園のお正月行事の定番となっており、年長組の五歳児が番内、年中組の四歳児が小太鼓と吉兆幡引き、年少組の三歳児が襲引きと役割も決まっています。笛吹きと鼕打ち、神謡の奉唱は近くの前原荒神社・市場吉兆行事保存会と園児の保護者、家族の皆さんが奉仕されており、見事な吉兆さんです。

2. 大社小学校の神謡学習

大社小学校の目指す子ども像のひとつに「ふるさとを愛し、進んで奉仕する子」が掲げられています。その概要につきましては『大社の史話』第一六一号（平成二十一年十二月）の「ふるさと大社を学ぶシリーズ①ふるさとを愛する子どもを育てる」にまとめられていますが、中に次のような記述があります。

「六年生は毎年、吉兆行事に謡う大社神謡『八雲立』を地域の方から習っています。これも定着してきて、子ども達にとっては少し難しいですが、一生懸命取り組んでいます。」

写真４　大社小学校での大社神謡指導風景
（提供：大社町松井和生氏）

「地域の方」というのは大社神謡保存会の皆さんで、始められたのは平成九（一九九七）年、今年で二二年になります。平成九年と十年は五年生、以後六年生が講習を受けており、僅かな練習時間ですが子ども達の覚えの早さにはいつも驚かされます（写真４）。

筆者の場合、定かではありませんが、西御領分の六年に一度の吉兆さん年番が富屋町に当たった小学生のとき、母に連れられて神謡の練習会に参加、大人の皆さんと一緒であれば「八雲立」が謡えるようになった記憶があります。以来、神戸で就職したあとも吉兆さんの当たり年には必ず帰れと父から連絡があり、奉仕を通じてごく自然に神謡を覚えることができました。

五年生は満一〇〜一一歳ですので、平成九年の五年生は令和元年現在三二、三歳の好青年、必ずや吉兆さんの将来を担い、この伝統行事を受け継いでくれるものと信じています。

3. 大社中学校の神謡学習

大社神謡保存会の活動については大鳥居町内の大国知正さんが、『大社の史話』第一八八号（平成二十八年九月）「大社神謡とわたし―大社神謡保存会の二十七年―」にまとめられていますが、大社中学校については次のように行われてきています。

①大社神謡の指導

平成五（一九九三）年四月の吉兆館開館を控えた前年七月、二年生の学年集会で大社神謡保存会の園山堅一、大国知正、伊藤達郎の皆さんにより、吉兆行事と大社神謡についての講義と指導が行われました。生徒たちは終始熱心に説明に耳を傾け、吉兆行事についての関心が高まりました。詳しいレポートが大社中学校二年生学年通信「ステップ」第一七号（平成四年七月十三日）に掲載されています。

②神謡クラブ学習会

平成九（一九九七）年から十一年の三年間、課外活動に神謡クラブ学習会が設けられ、五月から九月の間に一二、三回の練習会が開かれて、参加した生徒たちは「八雲立」をほぼマスターしました。

③すくらむ学習「大社神謡」コース

すくらむ学習の概要につきましては『大社の史話』第一六六号（平成二十三年三月）の「ふるさと大社を学ぶシリーズ⑥地域講師から学ぶ―すくらむ学習」にまとめられていますが、総合的な学習の時間に「祝い凧作り」、「阿国踊り」などのコース別に、生徒たちがふるさとの様々な文化を、地域の講師の皆さんから体験を通して学ぶ取り組みです。中の「出雲弁」コースで生徒たちが読んだ川柳の一部は大社ご縁ネットの有線で放送され、平成二十年九月発行の第一五六号以来、毎年『大社の史話』九月号に掲載されています。

余談になりましたが、平成十二（二〇〇〇）年から十七年まで、このすくらむ学習に「大社神謡」コースが設けられ、大社神謡保存会の皆さんにより「八雲立」の指導が行われました。毎年三～八回の練習会がもたれ、文化祭のステージでその成果が発表されました。

④すくらむ学習「郷土・歴史」コース

平成二十八（二〇一六）年早春、土江志朗校長先生から『大社の史話』を発行している大社史話会に、すくらむ学習に「郷土・歴史」コースを設け、地域の歴史に絡む文化を学ばせたいので協力願えないかとのご相談がありました。

具体的には様々なテーマが考えられますが、当時『大社の史話』第一九三号（平成三十年一月）「ユネスコ無形文化財遺産登録 戸畑祇園大山笠 奉祝吉兆行事参加記録」で水師幸夫さんが紹介されている戸畑祇園大山笠に倣って中学生によって吉兆さんを出せないかとの検討が進められていたこともあり、「大社神謡と吉兆囃子」を通してふるさとの歴史・文化を学んでもらうことになりました。

　このコースには三年生一〇名、一年生一四名が参加し、大社史話会・大社神謡保存会の筆者と馬場大組吉兆行事保存会の中尾克行さん、原田優さんの三名が講師となり、五月から十月の五・六校時に神謡「八雲立」と笛、小太鼓、鼕のお囃子を七回にわたり練習してもらいました（写真5）。

　吉兆さんに参加したことのある生徒もいましたが、ほとんどが初めての体験で最初はかなり戸惑い、「八雲立」も小さな声でおそるおそる謡っていましたが、次第にしっかりと声が出るようになり、お囃子もよくまとまって十一月の文化祭のステージを締めくくってくれました（写真6）。

　後日生徒たちが書いた「すくらむ学習を終えて」の感想文を読ませていただきましたが、全員が真剣に練習に取り組んで難しい神謡を覚え、お囃子が演奏できたことを喜び、機会があれば吉兆さんに参加したいとの思いを抱いてくれたことが感じられ、本当にうれしく思いました。

写真5　原田優さんの指導で笛を練習する生徒たち（提供：出雲市立大社中学校）

写真6　文化祭での吉兆囃子の演奏（提供：出雲市立大社中学校）

４．大社中学校生徒による吉兆さん

先に述べましたように、吉兆さんの継承も兼ねて、小中学生のいる町内では子どもたちが笛や小太鼓などを担当し、こぞって参加しています。しかし、その数は年々少なくなり、参加者の高齢化も重なって人手不足が深刻になっているのが現状で、様々な活性化対策が模索されています。

また、大社中学校のふるさと教育目標のひとつに「地域の自然や歴史・文化・産業・人とのふれあいを通して、ふるさとへの理解を深め、ふるさとを感じる心とふるさとに誇りを持つ態度を育てる」ことがあり、「すくらむ学習」はその実践項目のひとつに位置づけられています。

そうした中で、平成二十八年四月の大社町吉兆神事保存会連絡協議会の年度総会において、入江紀久男会長より吉兆神事の継続的発展を図る手段のひとつとして、「社中生による吉兆」実施の提案がありました。先に述べました大社中学校における大社神謡指導の実績と、折から始まったすくらむ学習「郷土・歴史」コースの成果をふまえて中学校の協力をいただき、地域を挙げて「大社中学校生徒により吉兆さんを出す」という計画です。

実現を危惧する声もありましたが、連絡協議会の中尾事務局長を中心に入江会長、山崎隆司、水師幸夫の皆さんと筆者の五名が発起人となり、平成二十八年夏から秋にかけて準備委員会を開催してその大枠を検討しました。そして大社中学校をはじめ中学校のＰＴＡ、運営理事会、教育後援会、卒業生会、大社地域自治協会連合会、出雲観光協会、大社神謡保存会のご賛同をいただいて十月に代表者会議を開催し、平成二十九年度を準備期間として、三十一年一月五日の実施を目標とする計画の大要を決定し、平成三十年四月一日付で「大社中学校生徒吉兆」支援保存会が立ち上げられました。

四月二十五日に全校生徒への説明会を開催して参加を呼びかけたところ一六名が応募し、六月九日から神謡「八雲立」と吉兆囃子の練習が始まりました。学校の都合や部活動による制約があって、練習は月二回、土曜日の夜七時から八時三〇分までという厳しい条件下でしたが、吉兆保存会、神謡保存会有志の皆さんの熱心な指導のもと生徒たちはよく頑張り、笛、小太鼓、大太鼓、大社神謡の四つを見事に身につけてくれました。

諸道具については次のように準備されました。

・吉兆幡＝吉兆館に展示されていた幡を出雲市より借用

・幡用柱=同じく展示品を譲り受け加工
・飾り台=仮の宮吉兆行事保存推進協議会より借用
・大太鼓=大社ロータリークラブより寄贈
・小太鼓=馬場大組吉兆行事保存会より借用
・笛=馬場大組　原田優さんにより制作
・衣装=室家呉服店より購入

資金につきましては、県や市などへの助成願いに併せて趣意書により地元企業や大社町民の皆さんに支援をお願いし、ご協賛をいただいて確保することができました。

かくして十二月二十八日、吉兆幡や台を担う野球部、男子ソフトテニス部生徒も加わり、一二〇名近い関係者一同が集まってリハーサルを実施、最終調整が行われました。明けて三十一年正月五日、九時半から中学校正面玄関脇のプラザで立兆・大社神謡の朗詠の後、出発式があり、入江会長の挨拶に続いて来賓代表長岡秀人市長より祝辞が述べられました。そして市長から本事業は「ふるさと教育」の一環でもあり、市としても今後継続して応援していくとの力強いお言葉をいただきました。

沿道での地域の皆さんや参拝客の方々から大きな声援をいただきながら出雲大社へ向かい八脚門前で立兆、神謡を奉唱のあと、北島国造館、神楽殿、千家国造館でそれぞれ立兆し、十二時四十分に中学校へ無事帰着しました。終了式では土江志朗校長より、大社町には素晴らしい宝物がある、中学校としてもこの行事を継続すべく努力するとのスピーチがあり、参加者一同初めての「大社中学校生徒吉兆」の成功を喜び合いました（写真7、8）。

後日、参加した生徒たちの感想文の一部を拝見させて

写真7　八脚門《やつあしもん》前での社中生吉兆奉納
（提供：松井和生氏）

写真8　参道を行進する社中生吉兆
（提供：松井和生氏）

いただきましたが、皆がよく頑張って社中生吉兆をやり遂げたことによって自信と誇りをもってくれたことが感じられ、たいへん嬉しく、また頼もしく思いました。

この度の「大社中学校生徒吉兆」の立ち上げから実施までの経緯は『大社の史話』第一九六号（平成三十年十月）及び第一九八号（平成三十一年四月）に詳しい記事が掲載されていますのでご覧ください。

おわりに

本稿で度々引用させていただいた『大社の史話』は大社史話会から発行されている季刊郷土誌です。大社史話会は昭和四十八年（一九七三）に発足し、「大社町に古くから語り継がれてきた神話・民話・口伝などの史話を広く町内から集め、貴重なものを郷土の文化資料として後世に語り継ぎ保存する」ことを目的として活動が続けられています。

昭和五十二（一九七七）年一月に発行された第一六号は「大社町の正月行事と神謡船謡特集」で、杉谷正吉会長は編集後記に次のように書かれています。

〝この書が、読者諸賢の座右の伴侶として、末永く愛読・愛誦されることを大きく期待し念願するものである。悠久の歴史と素朴な民情とにはぐくまれて、今日まで連綿として伝承されて来た、神都独特の伝統正月行事と神謡・船謡であるからには、これを永劫に護持敷衍すべきことこそ、現在の私どもに課せられた義務と責任であると思うからである。〃

本文に心から同感し、吉兆神事の更なる発展を祈りつつ筆を置かせていただきます。

『大社の史話』所収の吉兆神事及び船謡関連記事

①第六号（昭和五十年一月）「再び改作の船唄について」水師重吉
②第一〇号（昭和五十年十二月）「大社神謡」編集部
③第一〇号（昭和五十年十二月）「大社の年中行事―暮から正月へ―」山根雅郎
④第一五号（昭和五十一年十二月）「大社吉兆笛の旋律採譜について」杉谷正吉
⑤第一六号（昭和五十二年一月）「大社町の正月行事と神謡、船謡特集」
⑥第一八号（昭和五十二年六月）「島物語り歌謡・大社の口碑伝説集」大谷従二

⑦第二一号（昭和五十三年一月）「大社神謡船謡の歴史と各地（特に日本海）の船唄について」杉谷正吉
⑧第二六号（昭和五十四年一月）「出雲大社の初詣と吉兆さん・番内さん」杉谷正吉
⑨第三五号（昭和五十五年十二月）「左儀長の事ども」広瀬信憲
⑩第四一号（昭和五十七年四月）「神謡と長持歌について」杉谷正吉
⑪第四七号（昭和五十八年七月）「宇竜の船歌に就いて」木村弥一郎
⑫第一二一号（平成十一年十二月）「西御領分吉兆様新調の顛末」西橋建忠
⑬第一八八号（平成二十八年九月）「大社神謡とわたし―大社神謡保存会の二十七年―」大国知正
⑭第一八八号（平成二十八年九月）「昭和初年の吉兆さんと番内」馬庭孝司
⑮第一九三号（平成三十年一月）「ユネスコ無形文化財遺産登録　戸畑祇園大山笠　奉祝吉兆行事参加記録」水師幸夫
⑯第一九六号（平成三十年十月）「〝大社中学校生徒吉兆〟について」馬庭孝司
⑰第一九八号（平成三十一年四月）「〝吉兆〟とは〝よいことの起こるしるし〟～〝大社中学校生徒吉兆〟の歩み～」松井和生
⑱第一九八号（平成三十一年四月）「塩釜親善訪問の記録」神門貞良

あとがき

第六号『出雲大社の宝物と門前町の伝統』について

本書は、当財団が平成二十九年度に行いました第Ⅴ期公開講座「出雲大社の宝物と門前町の伝統」をまとめたものです。その主な内容は、出雲大社に所蔵される宝物や門前町杵築に伝わる伝統文化について紹介したものです。

出雲大社の宝物については、出雲大社の悠久の歴史が示すように、所蔵される古文書、書画、刀剣、美術工芸品、考古遺物等は莫大であり、しかもバラエティに富んでいます。本書では、考古遺物、古文書、美術工芸品、刀剣について、国宝や重要文化財など著名なものに限って紹介しましたが、まだ研究の鍬《くわ》が入っていないものも多く、今後文化財的価値が見直されるものも数多く含んでいるように思います。

また、門前町の伝統文化としては、昔話（口承文芸）と吉兆神事を取り上げました。昔話については、高度成長期の前までは、父母や祖父母が子どもを寝かせるために枕元で語り聞かせたものですが、テレビなどの普及により、今日ではほとんど語られなくなりました。そのために、昔話の多くはいつしか人々の記憶から遠退《の》き、次第に忘れ去られていきました。

しかし、大社町では、高度成長期に地元の歴史愛好者による団体（大社史話会）が中心となり、古老を訪ねて採話に努めたために、数多くの昔話を遺《のこ》すことができました。今日では、いずも民話の会の皆様が、採録した昔話を語り継いでおられます。本講座では、同会の皆様に実演をとおして紹介していただきました。

また、吉兆神事（島根県無形民俗文化財）は、毎年正月三日に地元住民の手で行われる恒例の伝統行事です。吉兆とは、「歳徳神《としとくじん》」と大きく縫い取りをした高さ八メートル余の幡を立てた山車《だし》のことです。これを旧出雲大社領に属する住民が、町内ごとに地元の氏神から出雲大社、千家・北島両国造家等に出向き、それぞれ立兆《りっちょう》し、纛《どう》の囃子《はやし》に合わせて神謡を謡《うた》い、無病息災《むびょうそくさい》と一年の幸せを祈ります。そのあと、福をもたらすものとして、纛の囃子により神謡を謡いながら自らの町内を練り歩きます。

この吉兆神事は、地元ではもっぱら「吉兆さん」の愛称でもって呼ばれていいます。一八世紀前半にはすでに行われていたようですから、概ね三〇〇年の歴史をもっていることになります。

しかし、この吉兆神事については、謎の部分が多く、まだ十分に解明がなされているとは言い難い状況にあります。そこで、本書では特集を組み、その実像について考えてみることにしました。専門家である品川知彦《としひこ》氏（島根県立古代出雲歴史博物館学芸企画スタッフ調整監）と城﨑陽子氏（獨協大学特任教授）に、吉兆神事を歴史的・民俗的な観点から詳しく述べていただきました。それぞれの論考から、謎の多かった吉兆神事の実像が少しずつ見えてきました。

また、吉兆神事では神謡が謡《うた》われます。しかし、この神謡に関する研究は極めて乏しく、そのルーツは船謡《ふなうた》に由来するのではないかといった程度で、それ以外のことはほとんどわかっていません。そこで当財団ではまず研究の手初めとして、現在大社町内の各地区で謡われている神謡・船謡を聞き比べることから始めました。第五回公開講座では、各地区から有志が一堂に会して、神謡・船謡の発表会をもちました。本書には、その時の実況場面が掲載してあります。また、巻末には実況場面のＤＶＤ（五七分）を付録としてつけていますので、あわせてご覧ください。

ところで、吉兆神事については、近年困った問題も起きてきました。それは、参加者の高齢化が進み、人手不足が深刻になりつつあることです。また少子化の進行に伴い、この行事に対する若い人の関心も薄らぎつつあります。そこで、地元ではこの問題に対処するために、様々な事業に取り組んでいます。その具体的な事業について、この方面に詳しい馬庭孝司《たかし》氏（大社神謡保存会会長）に、現状を報告いただきました。

現在、伝統行事の存続に当たって、後継者問題がクローズアップされています。出雲市大社町の取り組みには、それを克服するための一つのヒントが隠されているように思われます。

全体主題「出雲大社と門前町に関する総合的研究」について

出雲大社は、伊勢神宮と並び称されるわが国を代表する神社です。そのために、これまで多くの研究者によって、政治史や宗教史（神道史）、建築史など様々な分野から研究が進められ、その成果も時代ごとや分野ごとに様々な形で発表がなされてきました。

しかし、これらの研究成果を古代から現代までを系統立てて述べたものは少なかったように思います。このことが、出雲大社や出雲信仰のトータルな理解を阻んできた要因と考えられます。

一方、出雲大社と地域住人との関係に目を転じますと、出雲大社はいつの時代においても地域の住人生活に直接的間接的に影響を及ぼしてきた存在です。それは、信仰はもちろん年中行事や風俗習慣、文化活動、さらには生業にまで及んでいます。つまり、地域住人は出雲大社とともに日々の暮らしを営んできたわけです。このような、出雲大社と地域住人の関係については、近年ようやく研究の鍬《くわ》が入れられるようになってきましたが、まだ十分とはいえません。

そこで、当財団では、出雲大社や出雲信仰に加えて、これまであまり取り上げられることの少なかった門前町杵築の発展や杵築文学の興隆の具体相、さらには伝統行事などを多角的に取り上げ、出雲大社と門前町の歴史文化を総合的に考えてみることにしました。

そこで、全体主題を「出雲大社と門前町に関する総合的研究」とし、具体的には公開講座をとおして、この主題に迫ってみようと思いました。公開講座は、表1のように各期ごとにそれぞれ主題を設け、年間五～六回の講演会とシンポジウムにより進めることとしました。

表１　「出雲大社と門前町に関する総合的研究」の概要

第Ⅰ期	主　　題	出雲大社の造営遷宮と地域社会（全10講座）　２年間
	シンポジウムテーマ	①出雲大社は、なぜ高層建築であらねばならなかったか？
		②江戸時代に出雲大社から仏教色が払拭されたのはなぜか？
第Ⅱ期	主　　題	出雲びとの信仰と祭祀・民俗・芸能（全６講座）　１年間
	シンポジウムテーマ	十月に神々が出雲に集うのはなぜか？
第Ⅲ期	主　　題	出雲大社門前町の発展と住人の生活（全５講座）　１年間
	シンポジウムテーマ	歴史文化を活かした観光町づくりをどう進めるか？
第Ⅳ期	主　　題	出雲地域の学問・文芸の興隆と文化活動（全５講座）　１年間
	シンポジウムテーマ	江戸後期に杵築文学が隆盛になったのはどうしてか？
第Ⅴ期	主　　題	出雲大社の宝物と門前町の伝統（全５講座）　１年間

第Ⅰ期から第Ⅴ期までの六年間に行った講座の開催数は、計三一回にも及びます。内訳は、講演（実演も含む）が五二本、シンポジウムは五回です。また講師の延べ人数は実に七二名にもなりました。講演講師の先生方には、それぞれのテーマに基づき、最新の研究成果を駆使して講演をして頂きました。また、シンポジウムでは毎回数名の専門家を招へいして、出雲文化の謎解きをしていただきました。しかし、謎解きをしたつもりがまた新たな謎を呼び、出雲文化の奥深さを知ることともなりました。

これらの内容を年度ごとにまとめたものが、『いづも財団叢書』です。それぞれの成果と課題については、創刊号～第六号に詳しく掲載していますので、そちらの方をご覧ください。

さて、次に、公開講座の受講者数について述べておきたいと思います。それぞれの講座の受講者数一覧は、次ページの表2のとおりです。全体の総数は四〇五〇名でしたが、毎回概ね一〇〇名前後の方々の受講がありました。また、シンポジウムは、テーマによって四〇〇名を超えることもありました。

地域別にみると、地元の出雲市からの受講者が約七〇％をしめ、続いて松江市、雲南市などの順でした。県外からの受講者もあり、なかには全回出席いただいた方もありました。熱心に受講いただいた皆様に厚く御礼を述べたいと思います。

最後になりましたが、本書並びに本叢書は、多くの方々のご支

表２　公開講座「出雲大社と門前町に関する総合的研究」の受講者数一覧

□はシンポジウム

期	年度	各期別の公開講座の主題	公開講座受講者数（名）						
			1回	2回	3回	4回	5回	6回	計
Ⅰ	平成24年度	出雲大社の造営遷宮と地域社会（上）	110	103	93	111	420		837
	平成25年度	出雲大社の造営遷宮と地域社会（下）	88	70	289	88	88		623
Ⅱ	平成26年度	出雲びとの信仰と祭祀・民俗・芸能	109	111	363	94	96	150	923
Ⅲ	平成27年度	出雲大社門前町の発展と住人の生活	100	85	70	102	180		537
Ⅳ	平成28年度	出雲地域の学問・文芸の興隆と文化活動	73	79	68	70	81		371
Ⅴ	平成29年度	出雲大社の宝物と門前町の伝統	119	103	83	91	363		759
総計									4,050

援があって初めて出版することができました。玉稿を賜った執筆者の皆様はもちろん、島根県立古代出雲歴史博物館、出雲大社、千家国造家、北島国造家、藤間家、手銭家など数え上げればきりがありません。この場を借りて厚くお礼を申し上げます。

令和元年六月三十日

公益財団法人いづも財団

出雲大社御遷宮奉賛会

◆執筆者（執筆順）　役職名は令和元年5月1日現在
品川　知彦（島根県立古代出雲歴史博物館学芸企画スタッフ調整監）
城﨑　陽子（獨協大学特任教授）
馬庭　孝司（大社神謡保存会会長）

事務局　公益財団法人いづも財団
山﨑　裕二（事務局長）
梶谷　光弘（事務局次長）
松﨑　道子（事務局員）

出雲大社の宝物と門前町の伝統
～特集「吉兆神事と神謡・船謡」～

発行日　令和元年8月8日
編　集　公益財団法人いづも財団
出雲大社御遷宮奉賛会
発　売　今井出版
印　刷　今井印刷株式会社
製　本　日宝綜合製本株式会社

ISBN 978-4-86611-160-5